美国小学主流科学教材

【美】杰伊·哈克特 等著
张 俊 邓小耶 等译
郝京华 审定

地球和资源 5

Earth and Its Resources

浙江教育出版社·杭州

本版特色

- 兼顾授受式学习内容和探究式调查活动。
- 采用5E（Engage参与，Explore探究，Explain解释，Extend/Elaborate拓展，Evaluate评估）研究型教学模式。
- 增加工程和设计版块。
- 培养21世纪技能，如创新创造能力、协作能力、沟通能力、批判性思维与解决问题的能力等。
- 用个性化的生动图像激发学生的学习兴趣。
- 根据知识深度等级体系（Depth of Knowledge，简称DOK）设计评价和测试。

注：原版书中，A单元、B单元表示该内容属于生命科学领域，C单元、D单元表示该内容属于地球与空间科学领域，E单元、F单元表示该内容属于物质科学领域。中文版对此予以保留。

Program Authors

Dr. Jay K. Hackett
Professor Emeritus of Earth Sciences
University of Northern Colorado
Greeley, CO

Dr. Richard H. Moyer
Professor of Science Education and Natural Sciences
University of Michigan-Dearborn
Dearborn, MI

Dr. JoAnne Vasquez
Elementary Science Education Consultant
NSTA Past President
Member, National Science Board and NASA Education Board

Mulugheta Teferi, M.A.
Principal, Gateway Middle School
Center of Math, Science, and Technology
St. Louis Public Schools
St. Louis, MO

Dinah Zike, M.Ed.
Dinah Might Adventures LP
San Antonio, TX

Kathryn LeRoy, M.S.
Chief Officer
Curriculum Services
Duval County Schools, FL

Dr. Dorothy J. T. Terman
Science Curriculum Development Consultant
Former K-12 Science and Mathematics Coordinator
Irvine Unified School District, CA
Irvine, CA

Dr. Gerald F. Wheeler
Executive Director
National Science Teachers Association

Bank Street College of Education
New York, NY

Contributing Authors

Dr. Sally Ride
Sally Ride Science
San Diego, CA

Lucille Villegas Barrera, M.Ed.
Elementary Science Supervisor
Houston Independent School District
Houston, TX

American Museum of Natural History
New York, NY

Contributing Writer

Ellen C. Grace, M.S.
Consultant
Albuquerque, NM

RFB&D learning through listening **Students with print disabilities may be eligible to obtain an accessible, audio version of the pupil edition of this textbook.**
Please call Recording for the Blind & Dyslexic at 1-800-221-4792 for complete information.

connectED.mcgraw-hill.com

STEM McGraw-Hill is committed to providing instructional materials in Science, Technology, Engineering, and Mathematics (STEM) that give all students a solid foundation, one that prepares them for college and careers in the 21st century.

Send all inquiries to:
McGraw-Hill Education
8787 Orion Place
Columbus, OH 43240

ISBN: 978-0-02-135623-2
MHID: 0-02-135623-8

Printed in the United States of America.

6 7 8 9 10 11 12 13 14 RMN 22 21 20 19 18 17

Content Consultants

Editorial Advisory Board

译 序

一部好教材欲保持其生命力的重要举措就是要不断地与时俱进，要随着社会的变迁、学术的进步不断地吐故纳新。浙江教育出版社引进出版的《科学启蒙(第二版)》就是这样的一部好教材。

比较这套教材的两个版本，不难发现，第一版显然依据的是1996年美国颁布的科学教育标准。1996年的科学教育标准有三个重要特点：(1)明确科学教育的目标是培养所有学生的科学素养（美国曾经有过把培养科学家作为科学教育培养目标的历史）；(2)强调要把科学本身的实际做法，即科学探究也作为科学教育的内容；(3)将科学课程的内容按“生命科学、物质科学、地球与空间科学”三个领域加以划分。第一版的《科学启蒙》较好地落实了课程标准的这些理念。

第二版依据的是美国2013年颁布的《新一代科学教育标准（NGSS）》。和1996年课程标准相比，2013年的标准有三个显著变化。(1)将科学探究扩充为“科学与工程实践”，明显强化了运用科学概念解决实际问题能力的培养。(2)强调科学大概念。标准提出了判断大概念的4个原则：①具有学科的意义，具有跨越多个学科领域的广泛的重要性，或者是本学科中组织相关知识的关键概念；②具有解释力，能解释许多现象；③具有生成性，能为理解和探究更多的概念和解决问题提供关键的工具，与社会、家庭相关；④能从幼儿园到高中螺旋上升。(3)强调了学科间的融合，不仅是科学、技术、工程、数学的融合，还有科学、语文、数学的融合。

第二版的《科学启蒙》教材真的是在与时俱进。首先，它在继续强调科学探究的同时，大大强化了工程设计部分，不仅在各领域各章节中增加了运用相关知识解决实际问题的机会，还在“做一名科学家”版块增添了有关工程设计的“聚焦技能”。第二，在强调科学大概念方面，教材不仅在各章节都有科学大概念的明确标示，还在各章结尾之处增加了科学概念和技能的测评。第三，在学科融合方面，教材不仅强化了科学阅读（包括文和图）和科学写作的指导，还强化了数学意识和能力的培养。

《科学启蒙》这套教材还有一个突出的亮点就是它精彩的图片。大量有视觉冲击力的照片和灵动的排版为教材增色不少，让人爱不释手。

它山之石，可以攻玉。中国正在进行着课程改革，也正在努力地缩短与发达国家在教育上的差距，引进国外好的教材不失为一种有效的捷径。不同的群体都可以从《科学启蒙》这套教材中获益。它为教材编写者提供了一个如何将内容与活动结合的范例，它给予科学教师教学活动设计的启迪，它为语文老师提供了如何指导学生科学阅读和科学写作的策略，就连出版社也可以从中获得科学教材排版方面的启示。除此，作为一套学生科学阅读的材料，它也是一个不错的选择。

只有站在巨人的肩膀上我们才可以实现弯道超车，才可以追赶上发达国家，才可以实现伟大的中国梦！国家如此，科学教育亦然，让我们共同努力！

小学科学课程标准研制组组长、修订组副组长 郝京华
南京师范大学教科院教授

目　录

Contents

做一名科学家

C单元　地球和资源

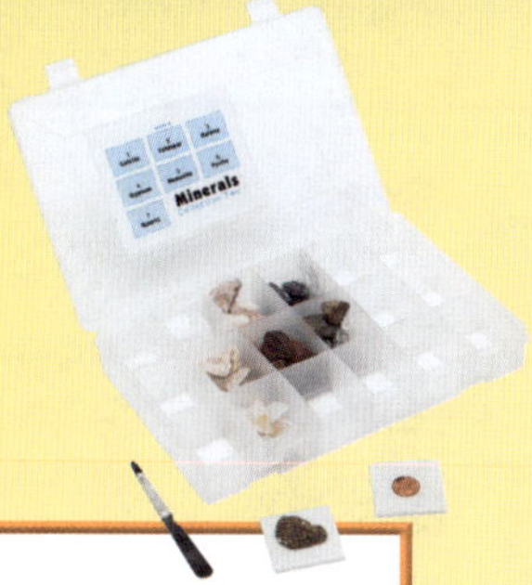

第2章 保护地球资源

探究活动

做一名科学家

第1章　活跃的地球

第2章　保护地球资源

做一名科学家

只有雌蚊子才会吸血。

科学方法

看一看，想一想

蚊子会传播许多疾病。在天气炎热的季节，它们会把卵产在如图所示的这种池塘里。想一想，像蚊子这类令人讨厌的昆虫对人们的生活有什么影响？疾病还有哪些传播途径？

探究活动

你对疾病了解多少?

人类为什么会生病?其他动物也会生病吗?人类和其他动物可能都会得哪些疾病?科学家是怎样研究疾病的?

生物学家对自然界里的生物都很好奇。莉莉安娜·达沃洛斯和苏珊·帕金斯都是生物学家，她们在纽约市的美国自然历史博物馆工作。在实验室里，她们通过显微镜观察和分析生物细胞来研究生物体。

莉莉安娜·达沃洛斯

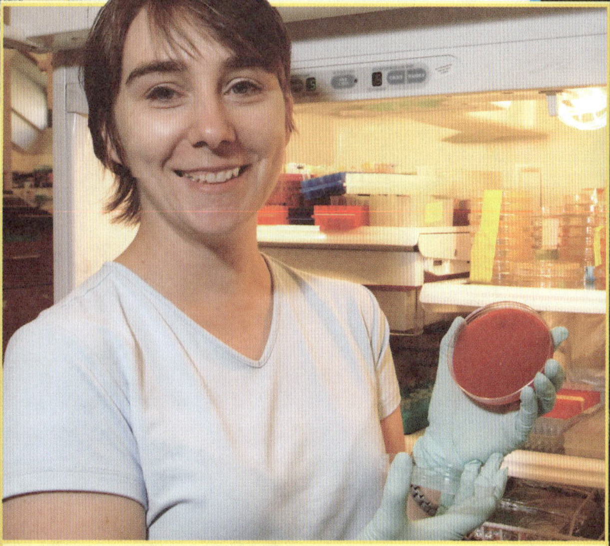

苏珊·帕金斯

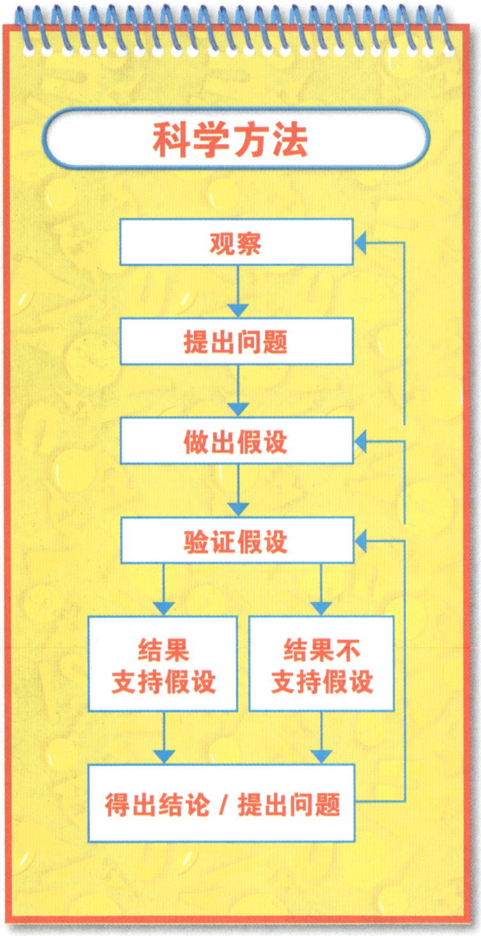

科学家是怎样工作的？

疟疾是一种可能致命的疾病，世界上每年因疟疾死亡的人数超过 100 万。疟疾是由疟原虫感染红细胞引起的一种疾病。疟原虫是一类需要寄生在宿主体内或身上才能生存的生物。

科学家研究疟疾已经很多年了，人类并不是唯一会感染疟疾的生物，鸟类、蜥蜴和一些哺乳动物也会感染疟疾。目前，科学家正在研究不同动物体内的疟疾。苏珊 · 帕金斯解释道："我们对引起疟疾的生物了解得越多，我们治疗疟疾的手段就会越多、越有效。"

她和莉莉安娜 · 达沃洛斯运用科学方法来了解更多有关疟原虫的知识。科学方法是指科学家研究和解决问题的过程。运用这种方法，科学家就能解释自然界中事物的发展规律。

篱蜥会染上由沙蝇传播的疟疾。

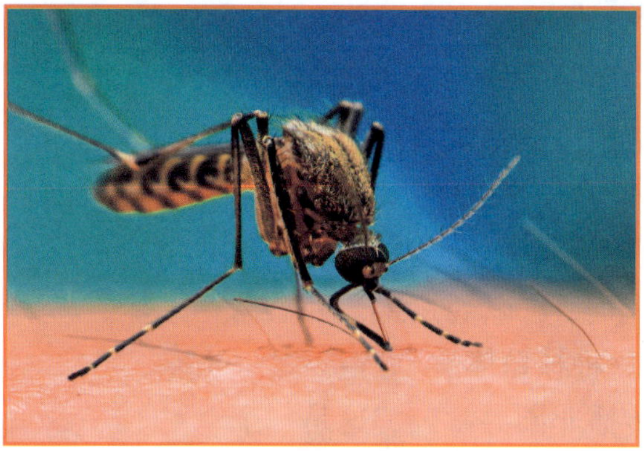

雌蚊子在产卵前需要通过吸血来“饱餐”一顿。

做出假设

1. 提出多个问题。
2. 寻找重要变量之间的联系。
3. 对这些联系提出可能的解释。

▶ **确保这些解释能够被检验。**

当然，科学家并不总是一成不变地按照图示科学方法的步骤做研究，但他们必须确保自己和其他科学家能够重复之前的探究过程。因为只有这样，其他科学家才能检验他们的研究结果是否正确。

苏珊和其他科学家都知道：有些蚊子体内含有会引发疟疾的疟原虫，人类一旦被这些蚊子叮咬，就会感染疟疾。他们还注意到，蜥蜴被携带疟原虫的沙蝇叮咬后也会感染疟疾。

苏珊提出一个问题：“在不同生物体间传播的疟疾，作用在不同宿主体内的机制是否相同呢？”她做了一个预测：蜥蜴和沙蝇体内的疟原虫的细胞结构与科学家之前在蚊子和人体内观察到的疟原虫的细胞结构相似。当然，这只是苏珊的假设。

苏珊的假设包含多种变量。自变量是指研究者主动操控而发生变化的因素或条件，因变量是指会随着自变量的变化而变化的因素或条件，常量是指未被测试且保持不变的因素或条件。在苏珊的研究中，自变量是物种的类型，因变量是疟原虫细胞中的基因。

科学家怎样验证他们的假设?

科学家在研究疟原虫的某些基因时，发现了一个有趣的现象：这些基因具有控制核糖体产生的指令。核糖体是细胞内制造蛋白质的“工厂”。

大多数多细胞生物的细胞内只有一种核糖体，但是有些疟原虫有两种核糖体。当疟原虫寄生在蚊子体内时，可以观察到一种核糖体；一旦疟原虫进入人体，就会观察到另一种核糖体。

这就使得疟疾在蚊子和人体之间的传播非同寻常！“这是一个有趣的现象，”苏珊观察后提出问题，“我们在其他动物身上也能发现类似的现象吗？”

苏珊假设蜥蜴和沙蝇体内的疟原虫与人类和蚊子体内的疟原虫具有相似模式的核糖体。但是，她需要拿出证据来证明她的假设。证据可以是科学家通过不同途径收集到的数据。

疟原虫的传播途径

阶段1 一只感染疟疾的蚊子叮咬了一个健康的人。

阶段2 疟原虫进入人体肝脏，继而繁殖出更多疟原虫。

阶段3 疟原虫感染了人体内的红细胞，繁殖出更多疟原虫，并蔓延至全身。

阶段4 一只未受疟疾感染的蚊子叮咬了一个感染疟疾的人，该蚊子也被传染。

阶段5 这只被人体感染疟疾的蚊子也能将疟疾传播给其他人。

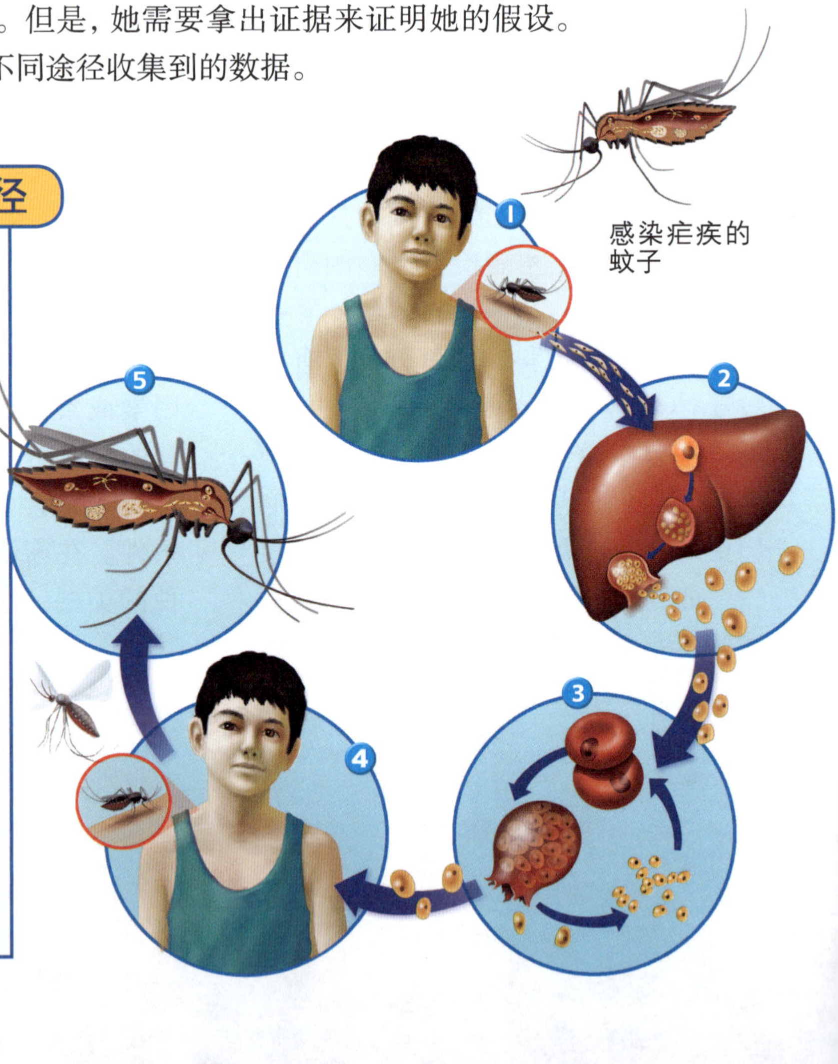

为了验证自己的假设，苏珊决定去美国的加利福尼亚州寻找证据。篱蜥在加利福尼亚州很常见，也很容易捕捉。苏珊采集了篱蜥的两份血液样本。她在显微镜下观察其中一份血液样本，看看其中是否有疟原虫，以此判断该篱蜥是否感染疟疾。如果这只篱蜥感染了疟疾，她会继续用第二份样本来观察疟原虫的基因。

回到实验室后，莉莉安娜帮助苏珊一起分析她采集到的血液样本。她们从篱蜥的血液中提取了疟原虫的基因，然后将这些基因与其他宿主体内疟原虫的基因进行比较。同时，她们还使用高清显微镜和计算机来检测疟原虫。

验证假设

1. 认真思考这些不同来源的数据，其中哪些可以用来验证假设。
2. 选择最有效的途径来收集数据。
   - **完成实验**（在实验室里）
   - **观察真实环境**（在野外）
   - **建立和使用模型**（在电脑上）
3. 制订可以收集这些数据的实验计划。

▶ **确保根据这些操作步骤，其他人也能重复这项实验。**

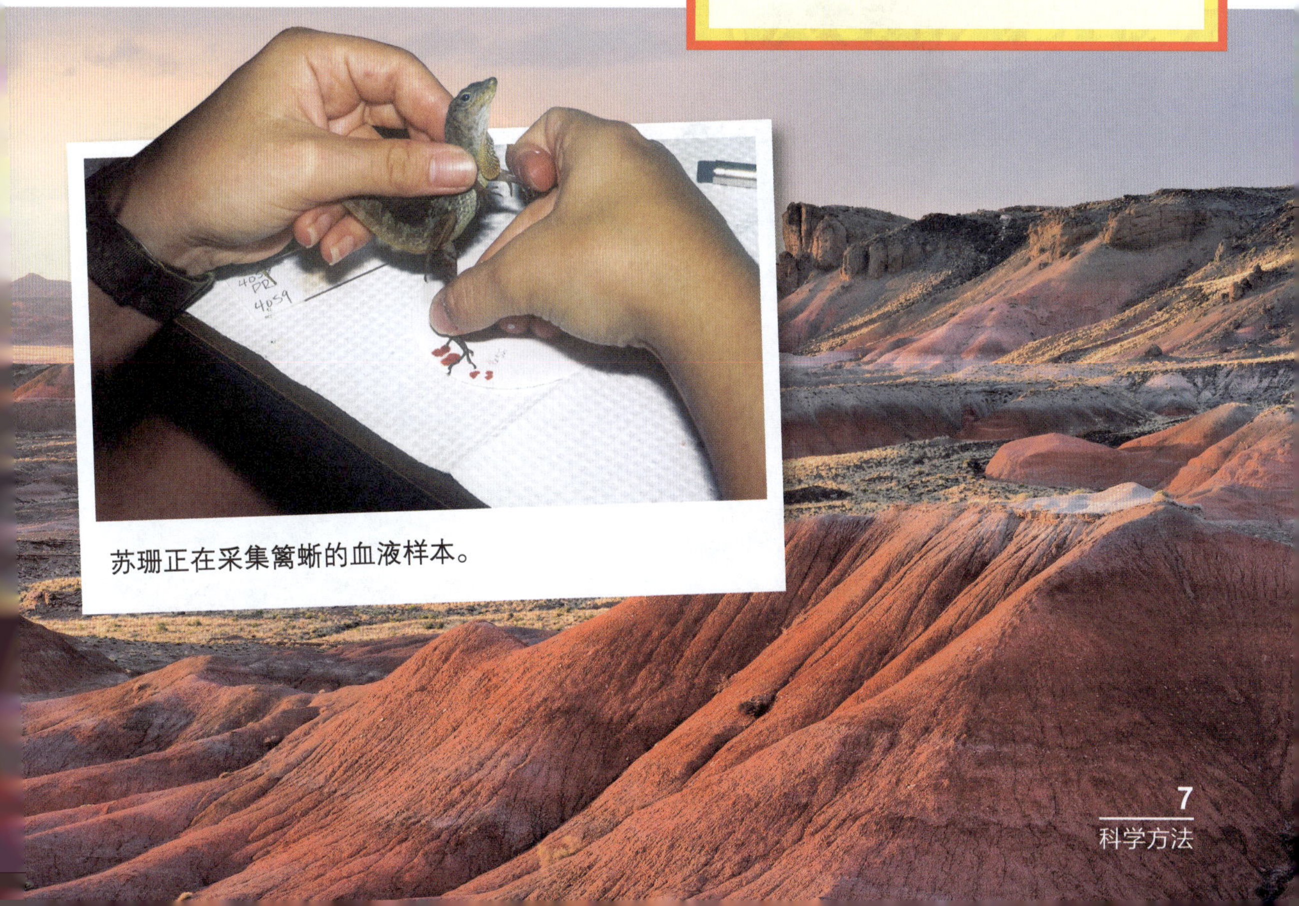

苏珊正在采集篱蜥的血液样本。

科学家怎样分析数据?

要想验证假设，其中一部分工作就是要整理收集到的数据，并从中寻找规律。苏珊和莉莉安娜不仅从篱蜥体内采集到了疟原虫的基因，还从啮齿动物体内收集到了疟原虫的基因。和人类及其他哺乳动物一样，啮齿动物也会因为被蚊虫叮咬而感染疟疾。

由于单个基因太小，无法直接观察，所以科学家会利用一种特殊的化学工艺来复制它们。然后，他们再将复制后的基因注入一片凝胶中。

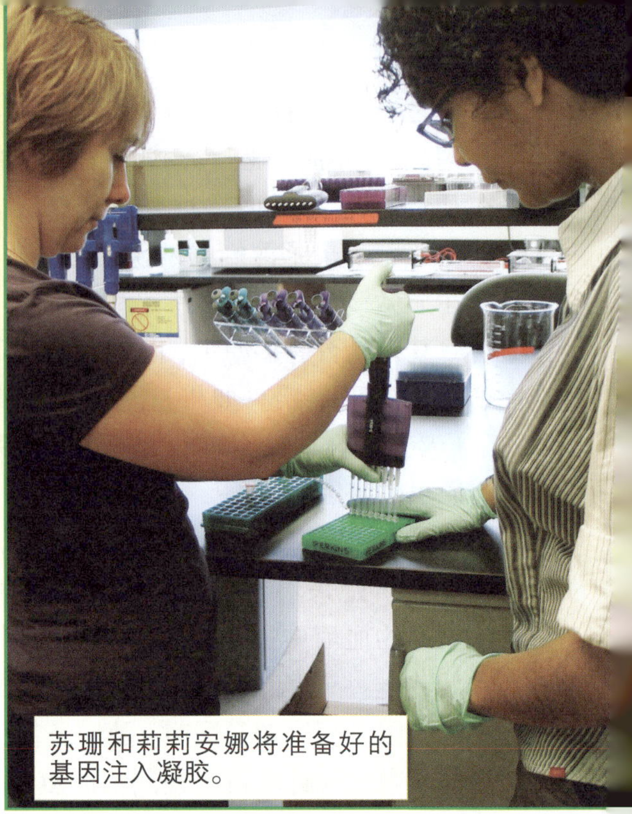

苏珊和莉莉安娜将准备好的基因注入凝胶。

苏珊和莉莉安娜从血液中采集基因。

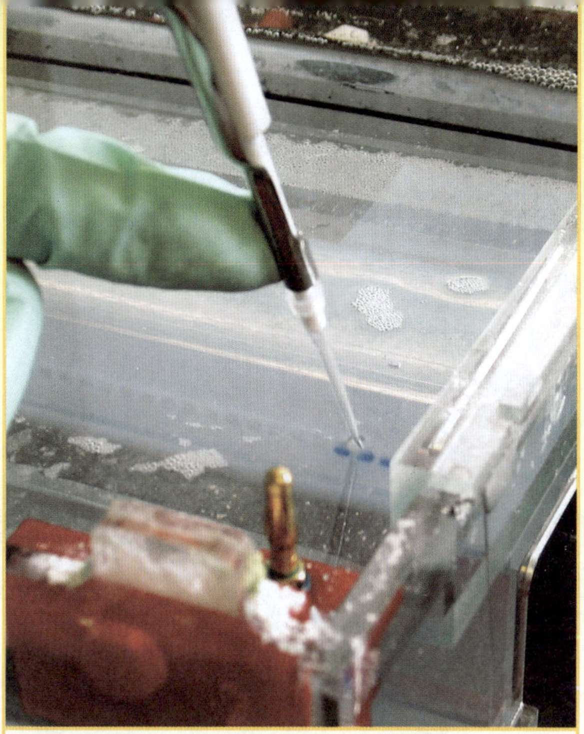

莉莉安娜正在检验凝胶中的基因样本，确定它们的模式。

分析数据

1. 把数据整理成统计图、表，或者示意图、地图等。
2. 寻找数据的变化规律。这些规律能反映假设中测试的自变量是如何影响因变量的。

▶ **将所得数据与其他来源的数据进行比较，检验数据。**

这种凝胶上有不同大小的气孔。这些气孔会根据基因大小将基因分离成片段，这样，基因片段就会在凝胶上形成条带。

科学家可以根据这些条带中呈现的规律来比较不同的基因。“这是一件精细活，可能要花几个星期才能完成。”莉莉安娜说道。

苏珊和莉莉安娜发现，篱蜥体内所有疟原虫的基因都具有相同的模式，这是感染篱蜥的疟原虫只有一种核糖体的证据。

但是，在啮齿动物体内采集的疟原虫基因，却表现出了与篱蜥体内的疟原虫基因不同的模式。这证明感染不同生物的疟原虫有不同种类的核糖体。

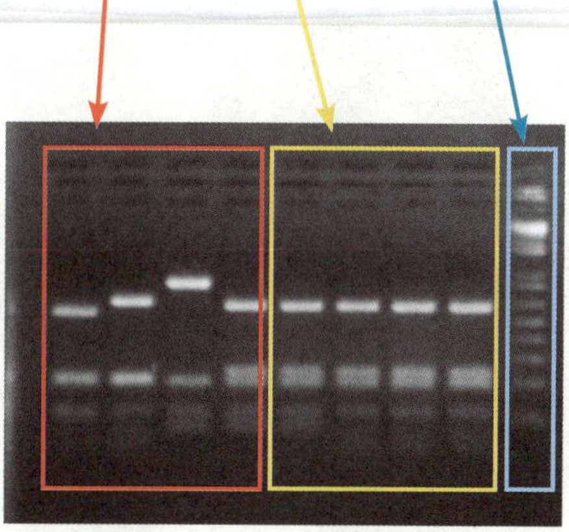

疟原虫核糖体的基因在啮齿动物和篱蜥体内表现出不同的变化规律。

科学家怎样得出结论？

现在，苏珊和莉莉安娜要分析她们的证据是否支持之前的假设。疟原虫在不同的生物种群之间传播时，是否表现出相同的模式？不，它们的表现模式不一样！证据表明，感染啮齿动物的疟原虫有两种核糖体，而感染爬行动物篱蜥的疟原虫只有一种核糖体。

苏珊和莉莉安娜的研究结果并不支持她们的假设。“我们原以为所有疟原虫都会表现得跟人体内的疟原虫一样，但实验结果却不是这样。”莉莉安娜说道。

苏珊和莉莉安娜准备继续研究新问题。

在科学研究中，验证一个假设成立或者不成立都很有价值——事实上，证明某个假设不成立往往更有意义！苏珊和莉莉安娜仔细检查了她们的数据和操作步骤，并做了详细的记录。这样，其他研究疟疾的科学家就可以从她们的研究中得到启发。

她们的研究结果为生物学家提出了新的问题：疟原虫感染人类和其他哺乳动物的方式是独一无二的吗？为什么这些寄生虫有不同种类的核糖体？这个结果对研究治疗这种疾病的新方法有什么帮助？这些新的问题都很重要，因为它们会带来新的假设。

得出结论

1. 判断数据能否清楚地支持假设。
2. 如果数据不能确切支持假设，就要重新审视检验假设的过程，并制订一个新的实验计划。
3. 写下结论，并与他人分享。

▶ **一定要提出新的问题。**

她们接下来要研究的动物可能是印度的鹿、马达加斯加的狐猴、智利的企鹅。

莉莉安娜在野外继续研究疟原虫。

科学技能

科学家在运用科学方法时，会使用许多技能。这些技能可以帮助科学家收集信息，并帮助他们回答关于我们周围世界的一些问题。以下是他们常用的一些技能。

观察　运用感官来了解一个物品或一个事件。

做出假设　做出一个能够被检验的、能回答某个问题的陈述。

交流　和他人分享信息。

分类　将事物根据其相似属性分组。

处理数据　用排序，计数，加、减、乘、除等方法来整理和解释数据。

建立模型　针对某种错综复杂的事物或过程而设计的一种代表物。

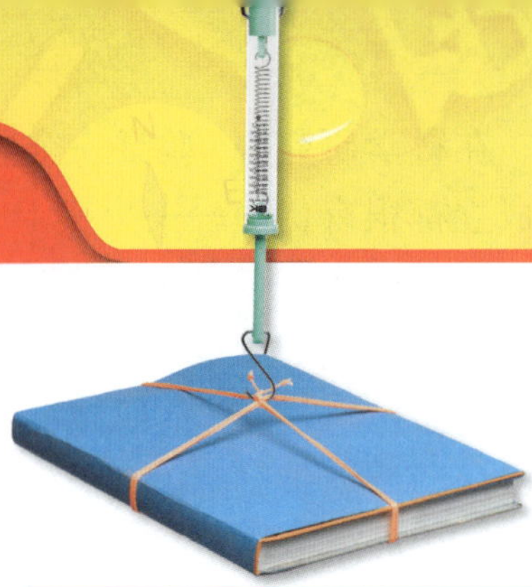

用弹簧测力计测量物体的重量。

用表格组织和解释数据。

科学家通过记录观察结果来与其他科学家进行交流。

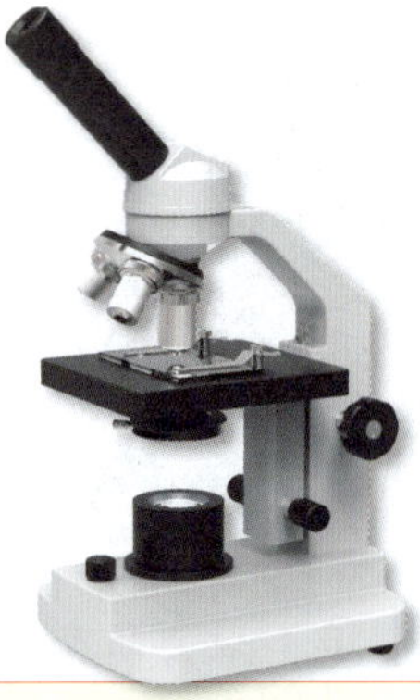

用显微镜观察微小事物。

科学家通过实验来验证假设。

使用变量 明确某些可以控制或能改变实验结果的因素。

解释数据 利用收集到的信息来回答问题或解决问题。

测量 确定事物的大小、距离、时间、体积、面积、质量、重量或温度等。

预测 设想事件或实验的可能结果。

推理 根据事实或观察结果，合理地推断出一个想法或观点。

实验 用来验证或反驳假设的一系列测试过程。

探究技能培养

在本书的每章，都有一组探究技能训练。这些栏目可以帮助你培养成为科学家所需要的技能。

科学家用模型来解释事物的发生过程。

聚焦技能

科学和技术：设计过程

你有没有想过，周围的各种产品是怎么制造出来的？许多产品能帮助我们解决生活中的某个问题。例如，与步行相比，汽车能让我们更便捷地从一个地方到达另一个地方。许多这样的产品都是从一个想法开始的，这个想法逐渐完善，最终发展成一种产品。在将想法变成产品的过程中，工程师会使用一系列被称为**设计过程（design process）**的步骤。

▶ 学习

设计过程的第一步是先设想某个问题可能的解决方案并绘制草图。然后，选择其中一个解决方案，尝试、设计或构建一个模型。

在构建模型后，你需要测试你设计的模型。通过测试，你可以了解产品能否达到预期的效果。在设计过程的测试阶段，还需要收集数据。在测试设计过程中，要不断提出问题：这个想法可行吗？有什么需要继续改进的地方？这个产品还能做得更好或更简单一些吗？

▶ 尝试

地球表面的大部分地方被水覆盖，而这些水大部分都是咸水。许多生物，包括人类在内的生存都离不开淡水。咸水可以变成淡水吗？请设计一个装置，要求这个装置能从咸水中分离出可饮用的淡水。

材　料　咸水、碗、塑料杯、保鲜膜、漏斗、塑料管、过滤纸、塑料瓶、量筒以及其他你认为需要的物品。

1. 想一想哪些设计方案能够从咸水中分离出淡水，将你的想法写下来，并进行比较。选择其中一个设计方案，并根据本页所示的表格将它画出来。
2. 组装你设计的装置。你能用这个装置得到淡水吗？如果能，盐去哪里了？测量你获得的淡水量。

▶ 应用

1. 比较你的设计和其他同学的设计。分析彼此的装置各有什么优缺点，并相互提出改进意见。将同学的建议记录在你的表格中。
2. 改进设备以获取更多淡水。重复上述实验过程，你能获得更多淡水吗？
3. 看看其他同学的设计，哪些设计亮点能够帮助你获取更多的淡水？你能把其他同学的设计亮点应用到自己的装置上吗？汇报你的结论。讨论这样的装置对人类和其他生物的影响。

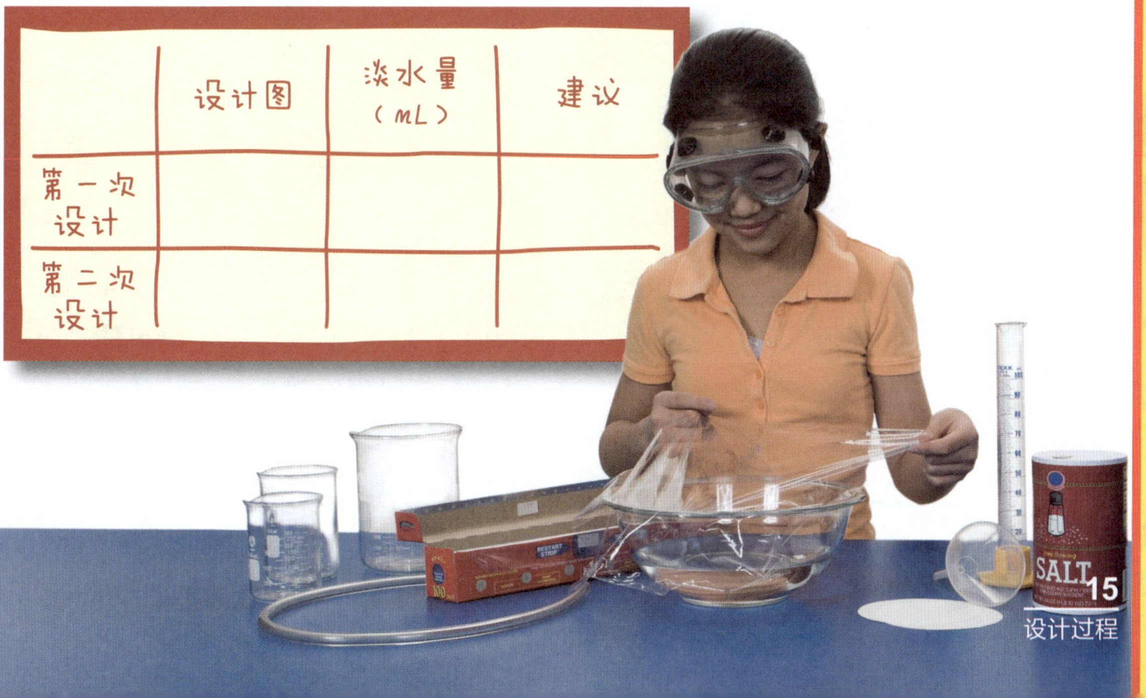

安全提示

室内

- 阅读所有操作指南，确保你已经完全理解。看见“⚠小心！”标志时，务必要谨慎。
- 请认真听从老师强调的安全守则。如果你有不懂的地方，应及时向老师寻求帮助。

- 活动开始前，用肥皂或洗手液洗手。
- 使用电热板时要小心，特别要注意它的开关状态。记住，电热板电源关闭后，还会保持数分钟的热度。
- 如果你在做实验时需要使用一些脏乱或容易溅出的材料，请记得穿上实验服。

- 如果有液体不慎溅出，请立刻清理或寻求老师的帮助。
- 请按照老师的要求处理废弃物。
- 如果有器材损坏，应该立即报告老师。如果打碎了玻璃制品，不要自行清理，应报告老师，获取帮助。

- 根据老师的要求戴上护目镜。实验操作时，可能会用到一些固体或液体，为防止它们飞溅到眼睛里，请一定要戴上护目镜。
- 把头发绑好，把袖子挽起来，确保你的头发和衣服远离明火。
- 使用电器设备时，要确保手是干燥的。
- 实验过程中禁止饮食。
- 请按照老师的要求，把实验器材和设备放回原处。
- 活动结束后，将实验场所清理干净并用肥皂或洗手液洗手。

室外

- 户外活动时找一位可信任的成年人陪同，可以是老师、父母或其他监护人。
- 没有得到成年人的允许，请不要随意触摸动植物。因为有些动物可能会咬人，有些植物可能有毒。

责任　请尊重生命、尊重他人、爱护环境。

C 单元

地球和资源

尼亚加拉瀑布每秒流过
超过 280 万升水！

实践：设计解决方案

在学校里，我们每天都会用到各种物品，如纸、铅笔、塑料容器、清洁剂等。每一种物品都是用从环境中获取的资源制成的，然而在每一种物品的使用过程中，以及在使用完之后，都会对环境产生影响。这些影响还会给包括人类在内的所有生物带来各种问题。

▶ 确定问题

我们每天都会用到纸张，但其实我们并不是很清楚利用纸张到底会对环境造成哪些影响。在造纸工业中，首先我们必须种植树木作为原材料，这需要大量的土地；开采树木时会改变生物的栖息地；在造纸过程中，又无可避免地用到了一些化学物质，此外，生产过程中还需要消耗大量的水。尽管人们为了节能减排和绿色生产付出了诸多努力，但与大多数工业生产过程一样，造纸工业中的有害影响并不能完全消除。我们无法马上看出这些有害影响导致的后果，但是我们使用的每一张纸都会加重这些影响。

▶ 收集数据

在学校里四处走走，你能找到哪些需要用到纸张的地方？把这些地方列出来，整理成表格。根据这张表，想一想我们可以怎样用 3R（节约、重复使用和循环利用）思想来重新设计学校的用纸方式。有哪些节约用纸的方法？哪些纸张可以重复使用？你能想出什么办法来提高学校里纸张循环利用的比例？

想办法估算出学校一天内消耗了多少纸张。了解这个数据会让你以后更有效地使用纸张吗？

▲ 这个垃圾桶里的很多东西都可以循环利用。

▶ 头脑风暴

许多学校的教室或走廊里都有回收箱。请和同学们一起进行头脑风暴，设计一个能鼓励大家更好地回收纸张的回收箱投放方案。你们可能会想出许多不同的设计方案，请把它们记下来并加以比较。把新的回收箱放在哪里，能让它可以回收更多的纸张？什么样的设计能让同学们更乐意使用它？

▶ 设计和构建原始模型

原始模型是指可以用来测试设计方案的模型雏形。收集材料，构建一个回收箱的原始模型。

▶ 测试原始模型

构建原始模型后需要对它进行测试。你会怎么做呢？你怎么知道回收箱有没有被人用起来呢？

▶ 改进设计方案

通过测试，你需要回顾并继续改进设计方案。先向别人展示你的设计，问问他们是否愿意利用这个回收箱。然后再根据他们的反馈来调整你的设计方案。不断地改进方案，直到你对结果满意为止。

▶ 交流成果

现在，向全班同学展示你的设计方案。你的设计能鼓励人们更好地回收利用纸张吗？你认为你的设计中有哪些亮点有助于达到这个目的？把你的成果和其他同学的成果进行比较。

第1章

活跃的地球

大概念

地球表面是怎么变化的？

基本问题

第1课

怎样描述地球的地形特征？

第2课

地球板块移动时，会发生什么？

第3课

火山怎样塑造地表？

第4课

什么是地震以及地震是怎么发生的？

第5课

风化和侵蚀是怎样塑造地表的？

大概念

核心词汇

板块构造学　一种认为地壳是由移动的板块构成的学说。

火山　熔岩等物质从地壳裂口喷出地表后堆积形成的山体地貌。

地震　地壳的突然震动。

风化　岩石碎裂成松散堆积物的过程。

侵蚀　土壤或岩石被外力分离、破坏和移动的过程。

沉积　土壤或岩石碎屑物堆积的过程。

第1课

地　形

看一看，想一想

从地球高处往下看，你可以看到海洋、山脉和河流。这些地表特征看起来是什么样的？

探究活动

地球有哪些特征？

活动目的

调查地球的特征，并进行分类。

活动步骤

1. **观察** 仔细观察本页的图片。
2. 列出本页图片中你认识的地表特征。
3. **交流** 描述这些特征有哪些相似之处，有哪些不同之处。

得出结论

4. **分类** 将这些地表特征进行分类。
5. **推理** 哪些过程可能导致图中一种或多种特征？

进一步探究

找一些美国亚利桑那州大峡谷的照片。你认为水在地面上经年累月地流过会导致什么结果？提出一个假设，解释水在峡谷形成过程中的作用，并设计实验来验证你的假设。

俄勒冈州的加农海滩

阿拉斯加州的阿拉斯加山脉

阿拉斯加州的马乔利冰川

亚利桑那州的纪念碑谷

纽约州的北密奥塞布河

读一读，学一学

基本问题

怎样描述地球的地形特征？

词汇

地形　地势图

地形图　大气圈

水圈　地壳

地幔　外核

内核

阅读技能

分类

什么是地形？

如果横穿美国，一路上你可以看到哪些风景？你可以欣赏沙滩或基岩海岸，穿越山丘、平原、高山、沙漠和峡谷，跨过河流，绕过湖泊，甚至还可以深入壮阔的大峡谷。

上述这些平原、高山、河流等就是不同的地形。**地形（landform）**是地球表面的一种物理形态。每一种地形都有自己的特点，它们的成因也各不相同。

快速检测

分类　水域边缘的陆地叫什么？

批判性思维　你所在地区有哪些地形？

地球上的陆地地形

- 山脉是一种高耸的地形。
- 山丘比山脉矮或平缓。
- 山谷是山丘或山脉之间的低地。
- 峡谷是高耸而陡峭的深谷。
- 悬崖是高耸的峭壁。
- 平原是指广阔平坦的地区。
- 高原是比周围地势高的平地。
- 沙漠是降水稀少的地区。
- 海（湖）滨是水体边缘的陆地。
- 沙丘是沙粒堆积成的小山或脊状地带。

地球上的水域地形

- 海洋是一个大型的咸水水体。
- 海岸是海洋与陆地的交界处。
- 支流是小的河流或溪流。
- 河流是流动的天然水体。
- 瀑布是从落差较大的地方流下的水体。
- 湖泊是陆地上的一片封闭水域。
- 河口是河水和海水交汇的地方。
- 三角洲是形成于河口地区的，形状类似三角形的陆地。
- 海湾是从海洋伸入陆地的狭窄水域。

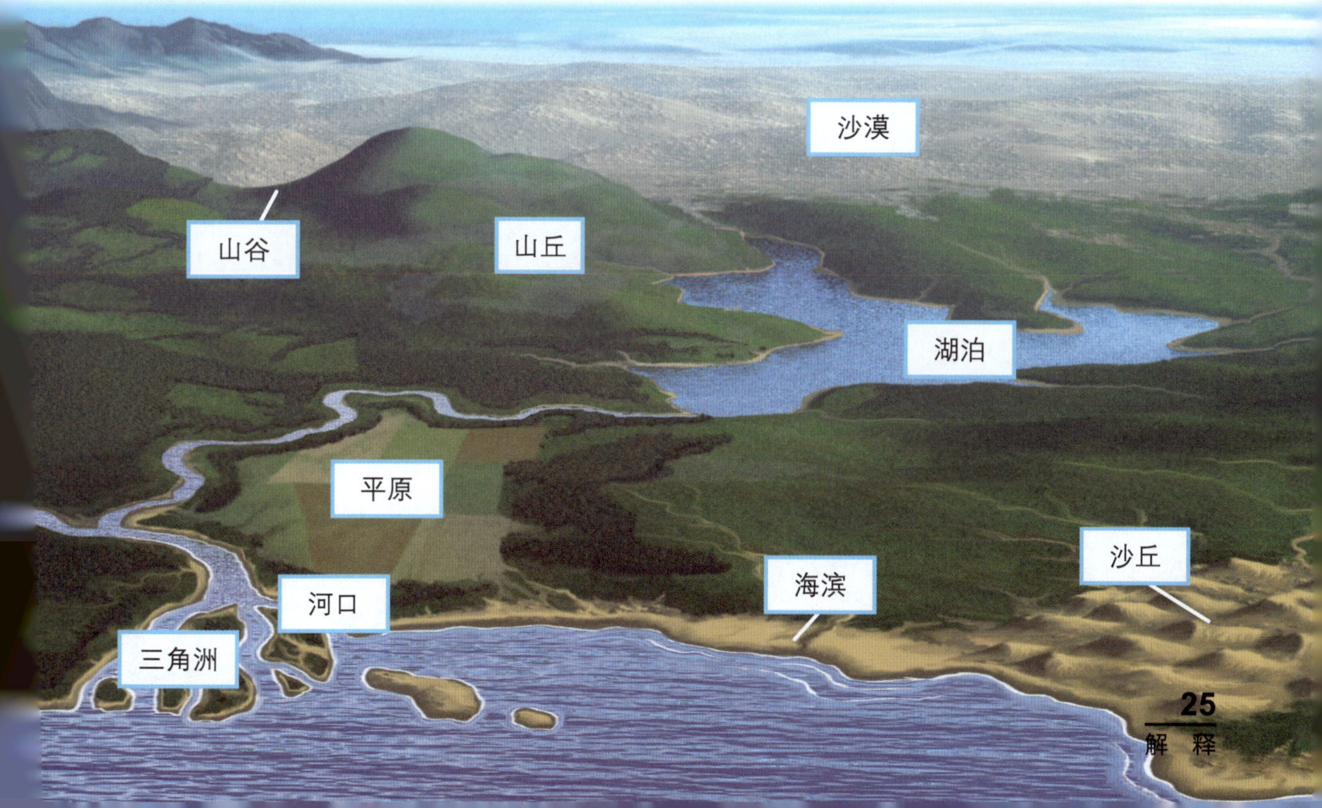

海底是什么样的？

尽管海洋表面波澜壮阔，但总体来说它就是一个平面。然而，如果你能潜入海底，你会发现，大洋底部看起来和陆地一样分布着高山和峡谷。

海洋盆地是指位于大陆间的一片巨大的水底区域。大陆海岸线附近的海底称为**大陆架**。大陆架区域的水深较浅，坡度平缓。大陆架一直从大陆沿岸延伸到海底坡度较大的斜坡处。这个较陡的斜坡称为**大陆坡**。

海底峡谷是位于大陆坡一带的裂谷。有些海底峡谷可以一直延伸到大河的入海口。在大陆坡的坡麓，有另一种较为平缓且坡度逐渐下降的斜坡，叫作**大陆隆**。

深海平原是海底一片广袤、平缓的区域。深海平原的面积占整个海底面积的 40% 左右。

海底地形

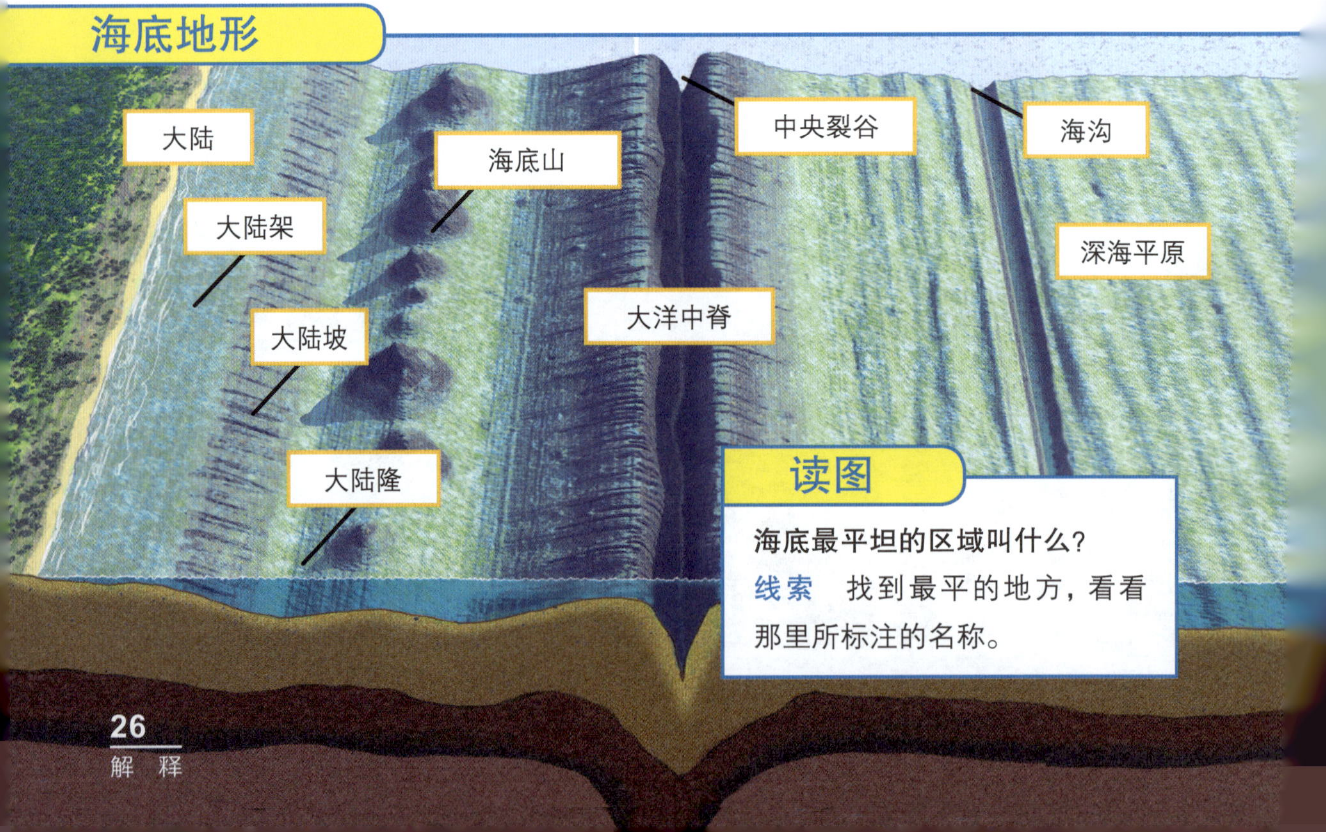

读图

海底最平坦的区域叫什么？

线索　找到最平的地方，看看那里所标注的名称。

▲ 这是一个勘探海底的潜水器。

海沟是海底最深的地方，是陡峭、狭长的沟槽。**海底山**是在海底隆起的高山，但没有高出海平面。

大洋中脊是一系列海底山脉。大洋中脊上的峡谷称为**中央裂谷**。

科学家通过向海底发射声波并检测回声来计算海洋的深度。但是，科学家怎么才能知道海底到底是什么样子的呢？他们通常用潜水器来探测海底。潜水器可以通过摄像机、测量海底环境的设备以及收集样本的机械臂等来探测海底世界的样子。

快速检测

分类 不超过海平面的海底高山叫什么？

批判性思维 河流为什么可能切割出海底峡谷？

迷你实验

制作海底地形图

1. 将超轻黏土置于容器底部，做出不同的海底地形。

2. 用老师给你的盖子把容器盖好。
3. 和其他同学互换容器。
4. **测量** 轻轻地将探针从盖子上的一系列孔中依次放入，测量露在盖子上部的探针长度，并记录每一个方格中探针露出的长度。

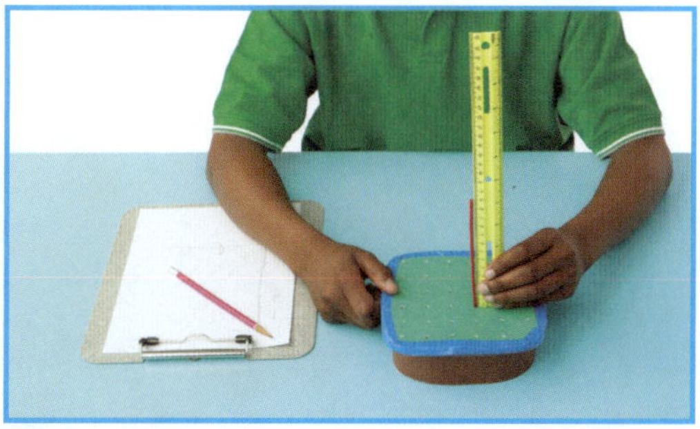

5. **分析数据** 用探针数据测算出容器底部的地形高度并画在图纸上。
6. 打开盖子，将你绘制的地形图和实际地形作比较。你测绘的地形图准确吗？

如何绘制地形图？

地球表面并不平整，有高高隆起的山脉，还有深深凹陷的峡谷。地球的表面高高低低，但是我们绘制地形图的白纸却是一个平面，那么，怎样才能在平面上表现出高低不同的地球表面呢？

地势图

勘测员是专门从事土地勘测工作的人。在制作地图时，勘测员首先要测量特定地点的海拔。**海拔**是指陆地高出平均海平面的高度。勘测员可能会把某个物体作为测量地点海拔的**基准**，或者设立永久参考站点。

然后，制图员会根据勘测员测量的数据，在地图上绘制出海拔的变化。表示海拔变化的一种形式是阴影图。阴影变化可以使地图看起来具有三维立体的效果，它能反映出长度、宽度和高度的变化。当然，也可以只包括长度和宽度的二维变化。用阴影来表示海拔变化的地图称为**地势图（relief map）**。

美国阿拉斯加州努尼瓦克岛的地势图

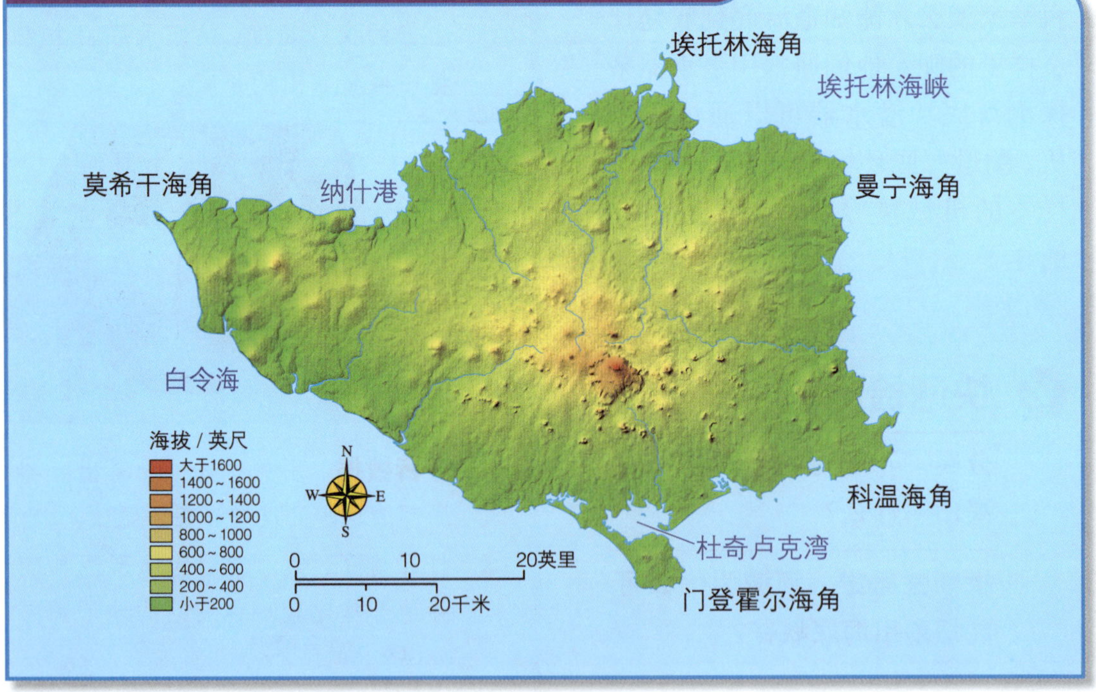

美国阿拉斯加州努尼瓦克岛的地形图

读图

努尼瓦克岛地势最高处在哪里？

线索 寻找等高线最密集的地方。

地形图

地形图（topographical map）是用线条来表示海拔变化的地图。地形图上的这些线条叫作**等高线**，每条等高线表示不同的海拔，同一条等高线上的地区海拔相等，线上的数字表示具体的高度，这些数字通常以米或英尺为单位。

除了海拔，我们还能根据等高线的分布情况来判断坡度的高低。等高线越密集，表示地形高度的变化越剧烈，这也说明地势越陡；相反，等高线越稀疏，则表示地势越平缓。

快速检测

分类 哪种类型的地图用阴影变化来表示不同的海拔？

批判性思维 徒步旅行时，为什么要避开地形图上等高线密集的路线呢？

什么是地球圈层？

你呼吸的空气是地球大气的一部分。**大气圈（atmosphere）**是环绕地球的一层气体。

地球上所有的液态水和固态水，包括海洋、湖泊、河流、冰川和冰盖，共同构成了地球的**水圈（hydrosphere）**。水圈覆盖了地球表面大约70%的面积。

由岩石组成的地球固体外壳称为**地壳（crust）**。地壳包括陆壳和洋壳。

地壳下面的地球内层称为**地幔（mantle）**。地幔分为上地幔和下地幔。

上地幔的顶部是坚硬的岩石。地壳和上地幔的顶部构成**岩石圈**。上地幔的其余部分是几乎熔化成液态的岩石，这一层也称为**软流层**。

下地幔是固态的岩石。下地幔底下是地核，它是地球的核心。地核分为内核和外核。**外核（outer core）**由液态金属物质组成，**内核（inner core）**由固态金属物质组成。

生物圈包括地球上任何有生物生存的地方。不论是大气圈底部，还是深海洋底，我们都能找到生物的踪迹，这些都属于生物圈。

地球的圈层结构

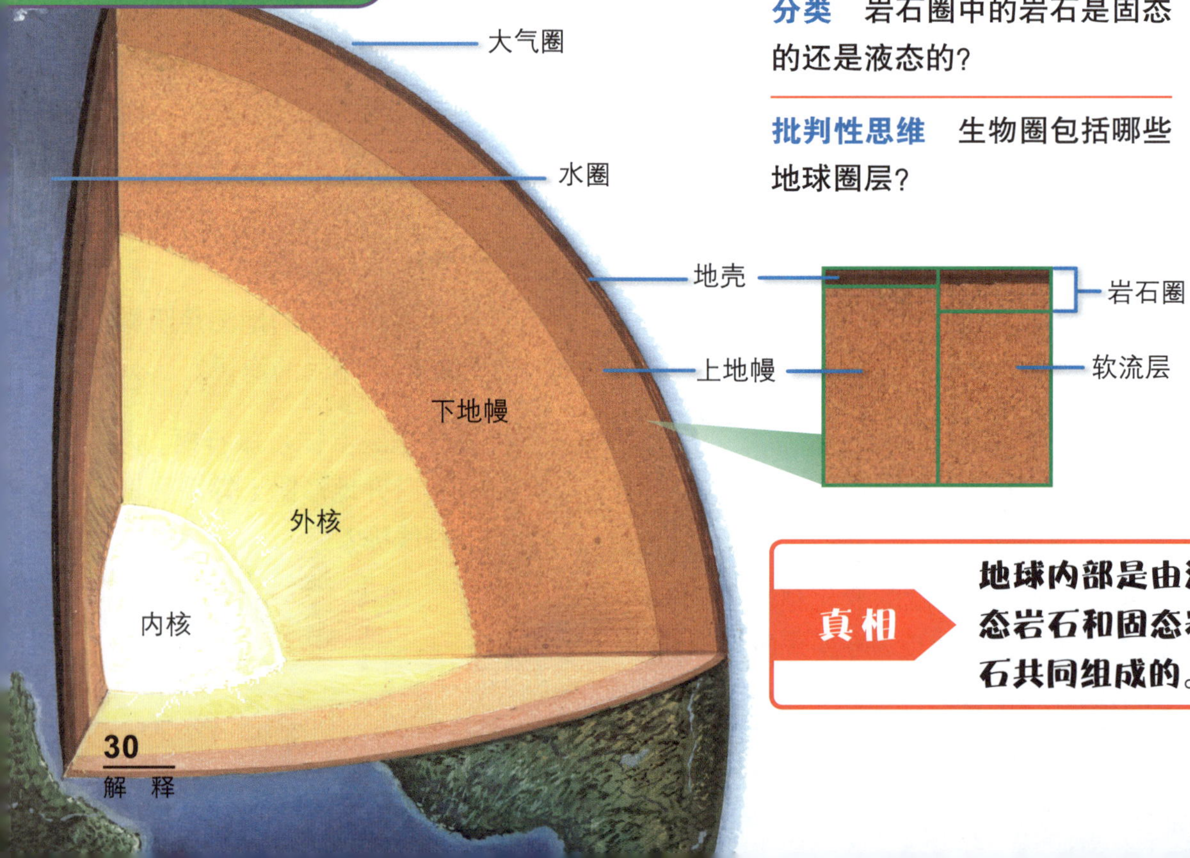

快速检测

分类 岩石圈中的岩石是固态的还是液态的？

批判性思维 生物圈包括哪些地球圈层？

真相 地球内部是由液态岩石和固态岩石共同组成的。

课后回顾

摘要

	地球表面和海底都有各种不同的地形。
	地势图、地形图能反映地球表面的地势起伏。
	地球圈层包括大气圈、水圈和生物圈3个外部圈层，以及地壳、地幔和地核3个内部圈层。

制作 折叠式学习卡

如图所示，做一个折叠式学习卡，然后根据这些标题总结你在本课学到的知识。

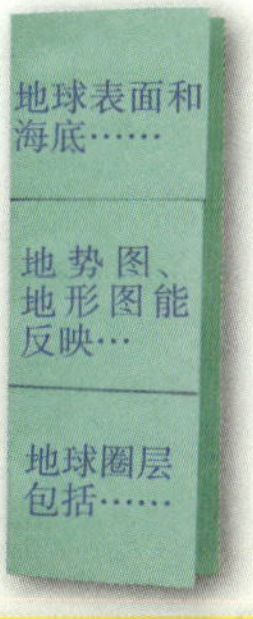

想一想，说一说，写一写

1. **词汇** 山脉、山谷、沙漠和河流都是不同的__________。
2. **分类** 海底的哪些地形是下陷的，哪些是隆起的？

3. **批判性思维** 怎样利用一张标有海拔的地图来规划一次徒步活动？
4. **测试** 下列哪项对深海平原的描述最准确？
   A 它是水下山脉。
   B 它是陡峭的山谷。
   C 它是被浅水覆盖的斜坡。
   D 它是广阔而平坦的海底区域。
5. **测试** 地球最外层的固体圈层叫什么？
   A 水圈　　B 岩石圈
   C 内核　　D 地幔
6. **基本问题** 怎样描述地球的地形特征？

写作链接

说明文写作

写一篇说明文，解释地势图和地形图的区别。这两种地图分别适用于哪些情况？请分别举一些例子。

社会链接

最深的海沟

太平洋的马里亚纳海沟是目前已知的最深的海沟。查找资料，调查一下科学家通常用哪些方法来测量海底的深度，你认为科学家对马里亚纳海沟的研究采用了其中哪种测量方法？

聚焦技能

探究技能：建立模型

模型能够展示事物的结构或过程的基本特征。科学家在建立模型时，会简化其中的一些过程或结构，使研究对象的重点更突出。许多科学家会利用实验室里的材料或计算机来建立模型，这样他们就可以更清楚地解释一个想法、一个物体或一起事件。

雷尼尔山

▶ 学习

海拔与等高线之间有什么关系？制图员根据勘测员测量的海拔在地图上绘制等高线。勘测员利用各种仪器来测量各项精确数据。望远镜、航空照片和卫星图像也可以帮助他们获取海拔的相关数据。

如果没有这些仪器，我们怎么了解海拔和等高线之间的关系呢？建立一个山体模型并画出它的地形图，然后据此研究等高线和海拔之间的关系。

胡德雪山

▶ 尝试

实验材料 超轻黏土、铅笔、直尺、牙线、坐标纸。

1. **建立模型** 把超轻黏土捏成山的形状。
2. 用铅笔在“山”的中间戳一个孔。
3. 以厘米为单位，测量“山”的高度。
4. 用牙线从“山顶”割下 1 厘米厚的切片。

5 把“山”的切片放在一张坐标纸上。描出切片的边缘，标出中间那个孔的位置，然后把切片放到一边。

6 再从“山”上割下一片 1 厘米厚的切片，把它放在坐标纸上，把切片中间的孔与坐标纸上标出的上一个切片的孔对齐，然后描出这个切片的边缘。

7 再继续切割，然后同样对准孔的位置，像刚才那样依次把“山”的剩余部分切割开，然后一一描出切片的轮廓，直到切割完整座“山”。最后把这些切片再恢复原状。

8 在你的地形图上，有没有一个区域的线比较密集？如果有的话，这个区域的山体形状有什么特点？

▶ 应用

通过前面的学习，我们了解了海拔和等高线之间的关系，在看地形图时，我们就可以应用学到的这些知识了。下面是一幅以米为单位的等高线地形图，它描绘了某学生家附近的情况。请你根据这张地图，回答下列问题：

1 地图上最低的海拔是多少？

2 地图上最高的海拔是多少？

3 地图中紫色的圆圈表示学校，请问它的海拔是多少？

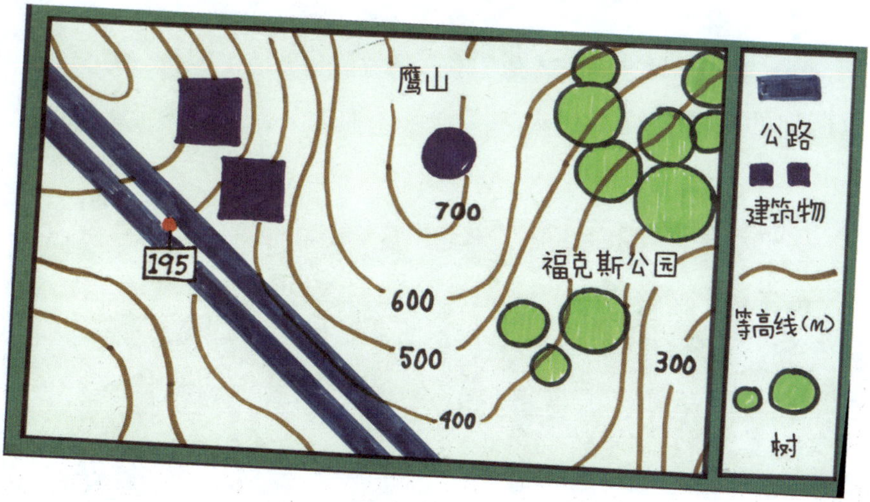

第2课

板块构造学

看一看，想一想

阿拉斯加的这些山脉高耸入云。这些山脉是怎么形成的？

探究活动

山是怎么形成的？

实验目的

模拟山脉的形成。

实验步骤

1. 把报纸平铺在书桌上。在这张报纸的中间放两张绘图纸，使两张绘图纸的边缘叠放在一起，两张纸重叠 5 厘米左右。
2. 将沙子撒在两张绘图纸的重叠部分，用手轻轻抚平沙子。
3. **建立模型** 用一只手按住离你较远的那张绘图纸，另一只手慢慢地把离你较近的这张绘图纸推到另一张绘图纸的下面。
4. **观察** 沙子的形状发生了什么变化？

得出结论

5. **推理** 这个模型中形成的山脉是直线形的。怎样才能形成蜿蜒曲折的山脉呢？
6. 如果继续推靠近你的这张绘图纸，会出现什么现象？

进一步探究

在这个模型中，我们将一张纸水平地推向另一张纸。想一想，如果反方向拉这张纸，会形成哪种地形呢？

材料

- 报纸
- 两张绘图纸
- 沙子

步骤 2

步骤 3

读一读，学一学

基本问题

地球板块移动时，会发生什么？

词汇

地质学家

板块构造学

岩浆

断层

阅读技能

因果关系

原因	→	结果
	→	
	→	
	→	
	→	

地壳在运动吗？

大约 100 年前，德国地质学家阿尔弗雷德·魏格纳在研究地球时发现了一些有趣的现象。地质学家（geologist）是专门研究岩石，探究地球历史和结构的科学家。魏格纳发现，地球上的大陆看起来就像一块块拼图。

魏格纳认为，数百万年前，地球上的所有大陆就像一块完整的拼图一样连在一起。随着时间的推移，有一种力把拼图撕成了碎片，于是地球上的各块大陆就慢慢地移动到了现在所在的位置。魏格纳的理论被后人称为**大陆漂移学说**。

当时，科学家们还找不出究竟是什么原因导致大陆漂移。但在后续的研究中，他们逐渐发现了更多支持大陆漂移学说的证据。其中一个证据就是，南美洲东海岸的山脉和非洲西海岸的山脉有着相同类型的岩石，而且这些岩石的年龄也相同。

大陆漂移学说

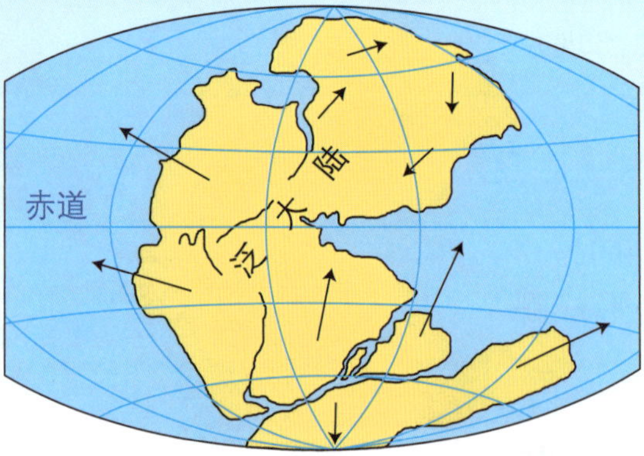

2.25 亿年前

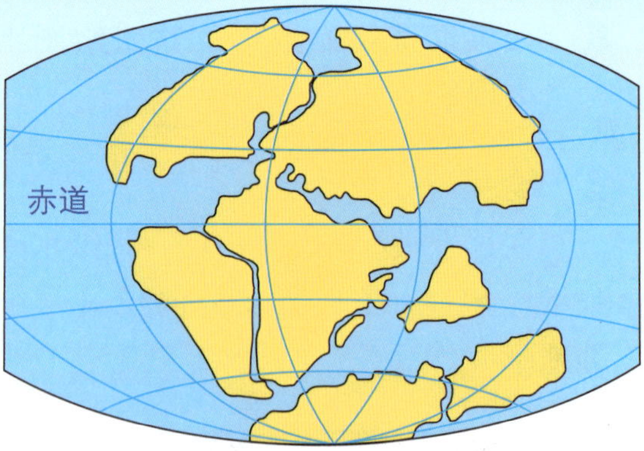

2 亿年前

真相 **大陆在不断地移动。**

植物和动物的化石也是大陆漂移学说的证据之一。**化石**是曾经在地球上生活过的生物留下的遗体或遗迹，人们曾在南美洲和非洲的一些非常古老的岩层中都发现了一种叫作中龙的淡水爬行动物的化石。

中龙不可能游过今日大西洋这片茫茫大海。但是，如果这两块大陆曾经连在一起，那么中龙就能通过淡水河流穿越现在的这两大洲地区。

从这个证据中，你能得出什么结论？南美洲和非洲都曾是泛大陆的一部分。数亿年前，南美洲大陆和非洲大陆从泛大陆中分裂出来，而它们之间被海水填满，形成了现在的大西洋。

中龙化石

快速检测

因果关系 为什么科学家得出了地球上的各大洲曾经是连在一起的结论？

批判性思维 地球各大陆已经分开很长时间了，如果比较一下现在不同大陆上的动物和岩石，你会有什么发现？

读图

非洲和南美洲的岩层怎么证明这两块大陆曾经是相连的呢？

线索 比较这两大洲的岩层序列。

现今

地球上的板块

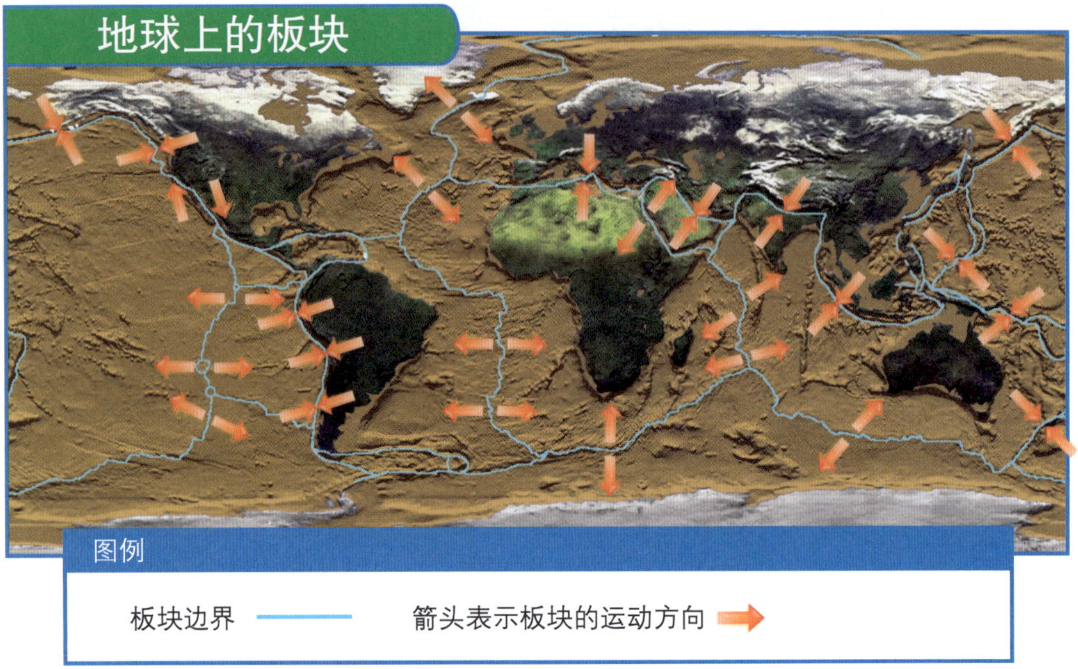

什么原因导致海底扩张?

南美洲和非洲之间的海底正在以每年 4 厘米的速度扩张。如果这种移动速度在过去的 1.3 亿年间没有发生过变化，那么南美洲和非洲的距离应该是 5.2 亿厘米（5200 千米），这正好与南大西洋的宽度相当，而这两块大陆之间扩张的部分则被海洋填满了。

在上述研究的基础上，科学家提出了一种**板块构造学（plate tectonics）**，用来解释地球内部是如何导致海底扩张并带动大陆漂移的。板块构造学认为，岩石圈由巨大的固体岩石板块构成，地球上的大陆都位于这些板块上。板块下的软流层中，是几乎完全熔化的岩石（熔岩）。这些熔岩相当于一个平滑的表面，板块可以在上面移动。

在板块分离处，也就是海洋的中央，岩浆从地幔上涌，喷出地表。**岩浆（magma）**是炙热的熔岩流体。岩浆的上升运动导致板块产生拉伸或推动的**张力**，这种张力使得洋底扩张，导致大洋中脊两侧的板块分离。于是，位于这些板块之上的大陆也开始分离。

当炙热的熔岩涌出地表后，它会冷却，并在地表的断裂带两侧均匀堆积。冷却的岩浆形成了大洋中脊和沿其顶部分布的裂谷。大洋中脊与分离的大陆大致平行。尽管洋脊两侧的洋底越来越宽，但洋脊基本保持不变。随着洋底越来越宽，大陆之间的距离也越来越远。

快速检测

因果关系 岩浆涌出海底后出现了什么？

批判性思维 为什么大洋中脊的顶部形成裂谷，而不是像山脉那样形成一个陡峭的山峰？

迷你实验

海底扩张

1. 把两摞书放在一起，中间留出一个狭窄的缝隙。
2. 将一张纸对折，然后把它塞进两摞书之间的缝隙里。
3. **测量** 用尺子沿纸边量出3厘米，把这部分纸展开，叠放在书上，并涂成紫色。

4. **建立模型** 把这张纸再往外抽出3厘米，展开后将新露出的区域涂上另一种颜色。重复这个步骤，直到整张纸都涂满颜色为止。
5. 如果这张折纸表示扩张的海底，那么哪一种颜色表示最年轻的岩石？

海底扩张

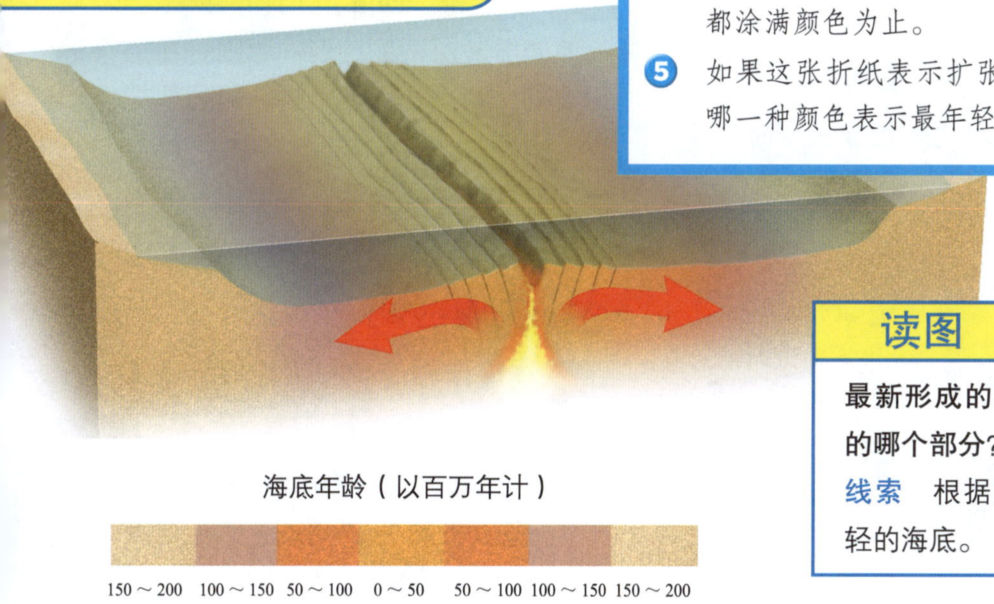

读图

最新形成的海底是图片中的哪个部分？

线索 根据图例找到最年轻的海底。

褶皱山

断块山

山是怎样形成的?

通过之前的学习，我们已经知道了岩浆上涌产生的张力可以使地球上的板块发生移动。那么，还有没有其他方式也能使板块发生移动呢？板块和板块之间存在相互作用，从而导致板块之间发生挤压或者错位。

当两个板块之间相互挤压时，两者之间产生压缩力。**压缩**是指地壳由于挤压而被堆积在一起。大陆板块在压缩力的作用下，地面会向上隆起，形成**褶皱山**。

喜马拉雅山脉就属于褶皱山。它是在几百万年前，印度洋板块和亚欧板块碰撞时形成的。因为这两个板块至今仍在相互挤压，所以喜马拉雅山脉每年都会升高约 5 毫米。

如果一个板块擦过另一个板块，两者之间就会产生**剪切力**，这是一种会使板块发生扭曲、断裂或者把一个板块推离另一个板块的力。在地球上的某些地方，地壳会出现很深的裂缝，叫作**断层（fault）**。剪切力就是导致地壳沿断层两侧分裂的原因。在剪切力的作用下，断层其中一侧的地壳会上升，而另一侧的地壳则会下沉，结果就形成了**断块山**。美国西部的内华达山脉就是典型的断块山。

快速检测

因果关系 哪种过程导致了褶皱山?

批判性思维 仔细观察地球构造板块的分布，你还可能在哪里找到褶皱山呢?

课后回顾

摘要

	地质学家已经找到的相关证据证明，地壳的某些部分一直在移动。
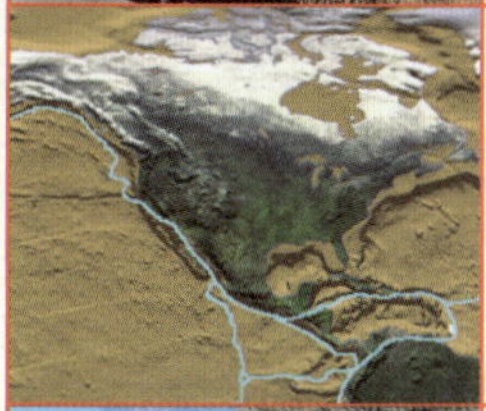	板块构造学说解释了地球内部的作用力是怎样导致部分地壳发生移动的。
	地壳板块之间相互挤压或剪切时，会形成山脉。

制作 折叠式学习卡

如图所示，制作一张折叠式学习卡，然后根据标题总结你在本课学到的相关知识。

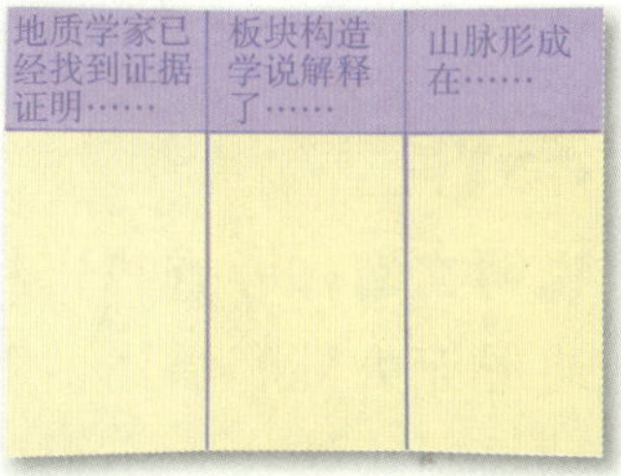

想一想，说一说，写一写

1. **词汇** 地壳中一些很深的裂缝称为______________。

2. **因果关系** 什么原因导致海底扩张？

原因	→	结果
	→	
	→	
	→	
	→	

3. **批判性思维** 请描述一个支持大陆漂移学说的证据。

4. **测试** 什么是岩浆？
   A 水　　B 固态的岩石
   C 液态的岩石　　D 山

5. **测试** 当板块相互挤压时，它们会形成什么？
   A 褶皱山　　B 断块山
   C 大洋中脊　　D 平坦的陆地

6. **基本问题** 地球板块移动时，会发生什么？

数学链接

计算海洋的年龄

已知某海洋宽 100 千米，假设海底以每年 2 厘米的速度扩张，请问该海洋形成于多少年前？

艺术链接

大陆位置

我们已经知道，大陆是在移动的。请画出你认为 5000 万年后大陆的大概位置。

科学写作

泛大陆和其他超级大陆

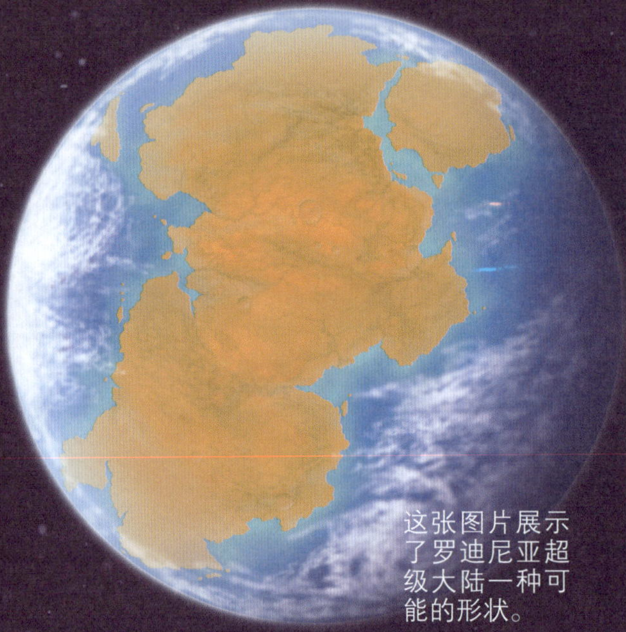

这张图片展示了罗迪尼亚超级大陆一种可能的形状。

说明文写作

一篇好的说明文应该：

- ▶用事实和相关论据来支持中心思想；
- ▶总结各种资料上的信息；
- ▶用恰当的连词来连接观点；
- ▶根据提供的事实和信息得出结论。

根据化石、岩石和其他地质证据，科学家们得出结论：今日所有的大陆都曾是一个超级大陆的一部分。这个超级大陆又被称为泛大陆，意思是“所有的大陆”。在泛大陆周围，有一片海洋叫作泛大洋，意思是“所有的海洋”。

写作

说明文写作 查找资料，研究罗迪尼亚大陆和潘诺西亚大陆的运动情况。选择一个科学界的主流观点，写一篇说明文，详细阐述这个观点。

科学家们还得出结论：在泛大陆出现之前，地球上还曾存在过其他超级大陆。目前已知的最古老的超级大陆叫作罗迪尼亚，这个词的意思是“家园”。罗迪尼亚超级大陆形成于11亿年前，约在7.5亿年前开始分裂。这些碎片后来又形成了另一个名为潘诺西亚的超级大陆。然后，大约在5.5亿年前，潘诺西亚大陆也分裂了，它的碎片形成了泛大陆。

估算大陆面积

大陆的面积是指高出洋面的大陆板块的面积。大陆的形状是不规则的。估算不规则物体面积的方法之一，是在物体上覆盖方格网，然后算出方格网中覆盖有物体的正方形的数量。面积的计算单位一般用平方千米。

面积估算

- 分别数一数四分之一满、一半满、四分之三满和全满的方格数量。
- 用每种未满方格的数量乘以对应方格所表示的面积。
- 把所有全满的方格数量乘以一个方格所表示的面积。
- 将第2步和第3步计算出的面积相加，就得到了总的估算面积。

处理数据

1. 有多少个方格被陆地完全填满了？有多少个方格被填满了约四分之三？有多少个方格被填满了约一半？还有多少个方格只填满了约四分之一？
2. 这些四分之一满、一半满和四分之三满的方格，能换算成多少个完整的方格？
3. 总的完整方格数量加起来有多少？
4. 现在估算一下澳大利亚的面积（以平方千米为单位）。
5. 查找资料，找一找官方公布的澳大利亚面积，与你的估算结果接近吗？

第3课

火 山

看一看，想一想

火山即将喷发时，火山内部炙热的熔岩会向上涌出火山口，结果导致火山山体形状发生变化。科学家是怎么预测火山是否会爆发的？

探究活动

火山坡度变化意味着什么？

实验目的

制作一个可以测量火山坡度变化的倾斜仪。

实验步骤

1. ⚠小心！用铅笔尖在泡沫塑料杯的侧面扎出一个孔，位置扎在距离杯子底部 2.5 厘米处。然后将咖啡搅拌棒塞进扎出的孔中，并把它塞紧。
2. 用同样的办法在第二个杯子上也扎一个相同的小孔，然后将咖啡搅拌棒的另一端塞入这个孔中。
3. 在装有水的容器中滴入 3 滴食用色素。
4. 把两个杯子同搅拌棒一起放到烤盘里，然后在每个杯子中各倒入半杯染色后的水。
5. **观察** 慢慢抬高盘子的一端，观察杯子里的水位会发生什么变化。

得出结论

6. **实验** 将盘子倾斜到不同的程度，测量水位的变化。烤盘的倾斜程度对两杯水的水位有什么影响？这个装置记录倾斜程度变化的效果怎么样？
7. **推理** 如果仪器测量的结果是火山斜坡变陡，这意味着什么？

进一步探究

如果改变杯子的大小或咖啡搅拌棒的长度，会对实验结果造成影响吗？请选择一个你想要更改的变量，然后设计一个实验，用改变后的模型来测试倾斜装置的测量效果。

材 料

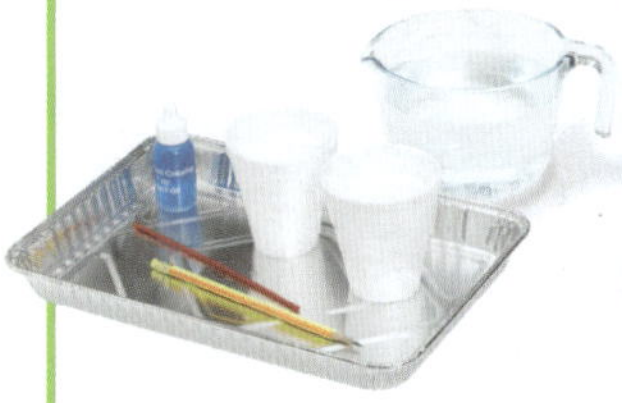

- 铅笔
- 2个泡沫塑料杯
- 咖啡搅拌棒
- 食用色素
- 装水的容器
- 烤盘

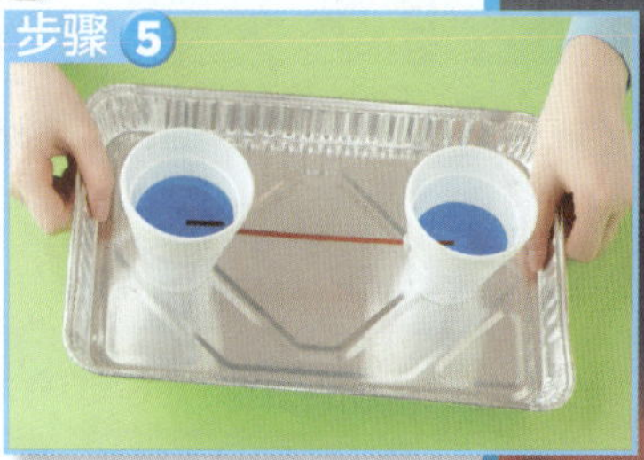

读一读，学一学

基本问题
火山怎样塑造地表？

词汇

火山
熔岩
盾状火山
锥形火山
复式火山
岛链
热点
岛弧

阅读技能
推理

线索	已知信息	推理信息

火山分布在哪里？

在陆地和海底，都有火山。**火山**（volcano）是岩浆喷出地壳裂口后形成的。火山只分布于地球表面一些特定的地区。我们之前已经学过，地壳分成了许多移动的板块，大多数火山都位于这些板块交界的地方。

例如，太平洋周围有一圈**火山带**，火山带沿着太平洋板块的边界分布。相比地球上的其他地方，板块边界更有可能形成火山。火山爆发时，喷出的是熔岩、火山灰、气体等组成的混合物。

火山横截面

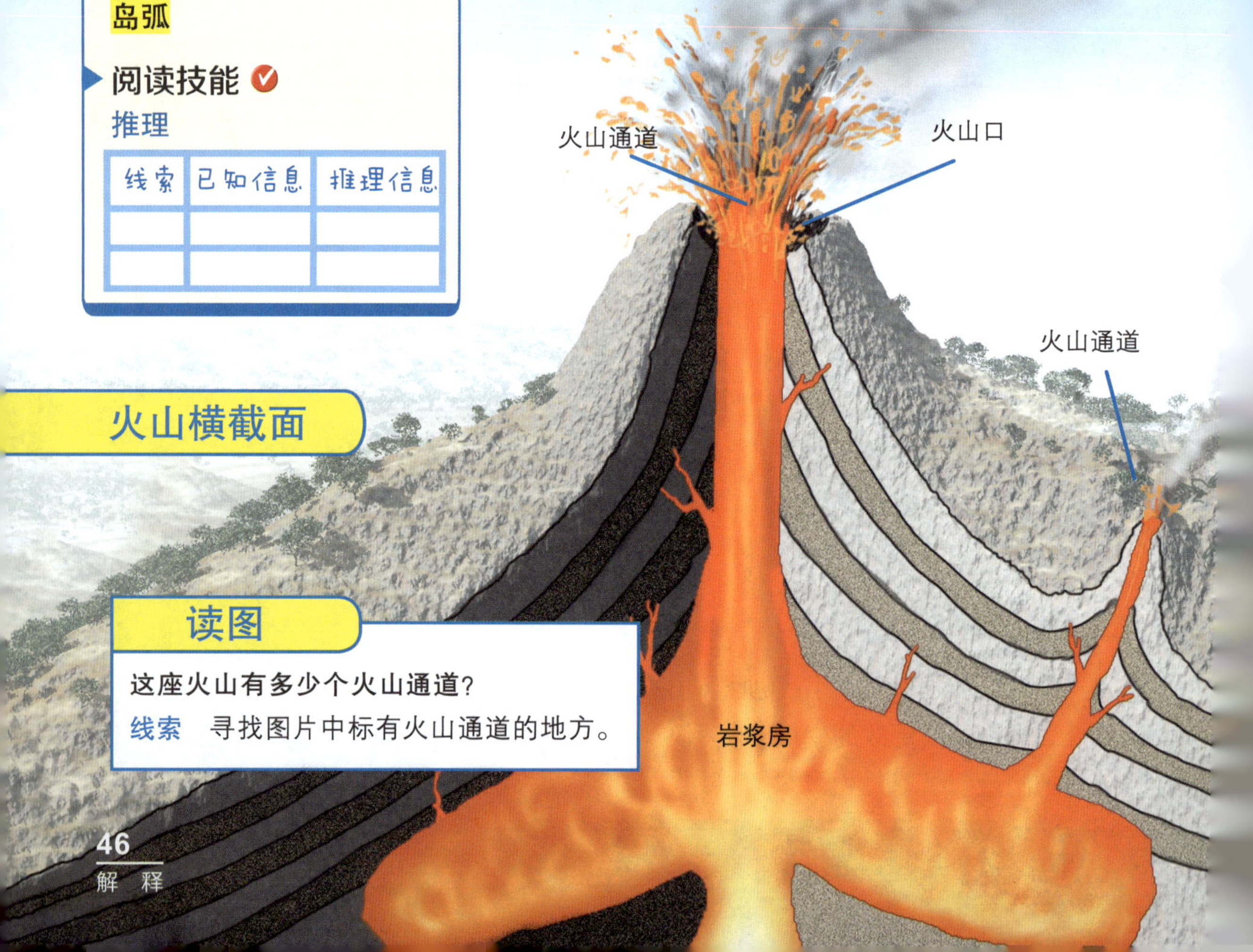

读图

这座火山有多少个火山通道？

线索 寻找图片中标有火山通道的地方。

然而，并不是所有板块边界处都有火山。那么，究竟是什么原因导致某些板块的边界成为火山密集喷发的地区呢？在收集了有关板块运动方向的数据后，科学家得出结论：当一个板块被挤压到另外一个板块之下时，就容易形成火山。当板块被挤压到地幔时，它们在巨大的热量和压力作用下会熔化成岩浆，然后聚集在地壳下的岩浆房中。

岩浆可以在岩浆房里静置数百年或数千年。有时，岩浆房上方的地壳会出现裂缝，或者岩浆房内的压力过大导致上方的岩石无法承受，这时岩浆就会向上冲出地表。

所有火山都至少有一个**火山通道**。一旦岩浆到达地表，它就被称为**熔岩（lava）**。熔岩、火山灰和气体等经过火山通道喷出。随着时间的推移，在火山喷出口周围会形成一个碗状的坑穴，叫作**火山口**。大多数火山口都分布于火山顶部。

岩浆大量喷发后，火山下方的岩浆房被掏空，结果造成火山朝内部崩塌，形成一个大型的凹陷，这个凹陷叫作**破火山口**。

快速检测

推理 你能从火山带和构造板块分布图中推测出哪些信息？

批判性思维 为什么两个板块挤压处比两个板块碰撞处更容易形成火山？

真相 地球上80%以上的火山活动发生在海底。

火山是怎样塑造地表形态的?

有时，岩浆在到达地表之前就已经冷却、变硬。当岩浆在垂直于或近乎垂直于地面的裂缝中冷却变硬时，就会形成**岩脉**。而岩浆在水平岩层之间冷却变硬时，就形成了**岩床**。岩脉和岩床的体积大小各异。

有时，涌入岩床的岩浆没有水平扩散，聚集在一起的岩浆冷却后形成一个圆顶形的**岩盖**。岩盖会导致其上方的岩石向上隆起。

地下深层的大量岩浆形成**岩基**。岩基的规模通常很大，形状不规则，一般位于地壳深处。

熔岩从火山通道出来时是液态的。当熔岩涌出火山口后冷却、变硬，形成了固态的岩石。几千年来，不断有新的熔岩从火山口喷出、冷却，渐渐增加了火山口的高度，最后形成火山山脉。这就是由火山塑造的新地形。

活火山是指正在喷发或经常周期性喷发的火山。一座长期没有喷发，但将来仍有可能喷发的火山称为**休眠火山**。曾经喷发过，但不会再喷发的火山称为**死火山**。

活火山的形成方式和它们所塑造的山脉的形态也各不相同：**盾状火山**(shield volcano)是由分布在大片区域的较薄的流动熔岩形成的。盾状火山有宽阔的山脚和平缓的山坡。

锥状火山(cinder-cone volcano)是由被喷到空中的大块熔岩落回地面后堆积形成的。这种火山呈锥形，底部狭窄，侧面陡峭。

地下岩浆的形成

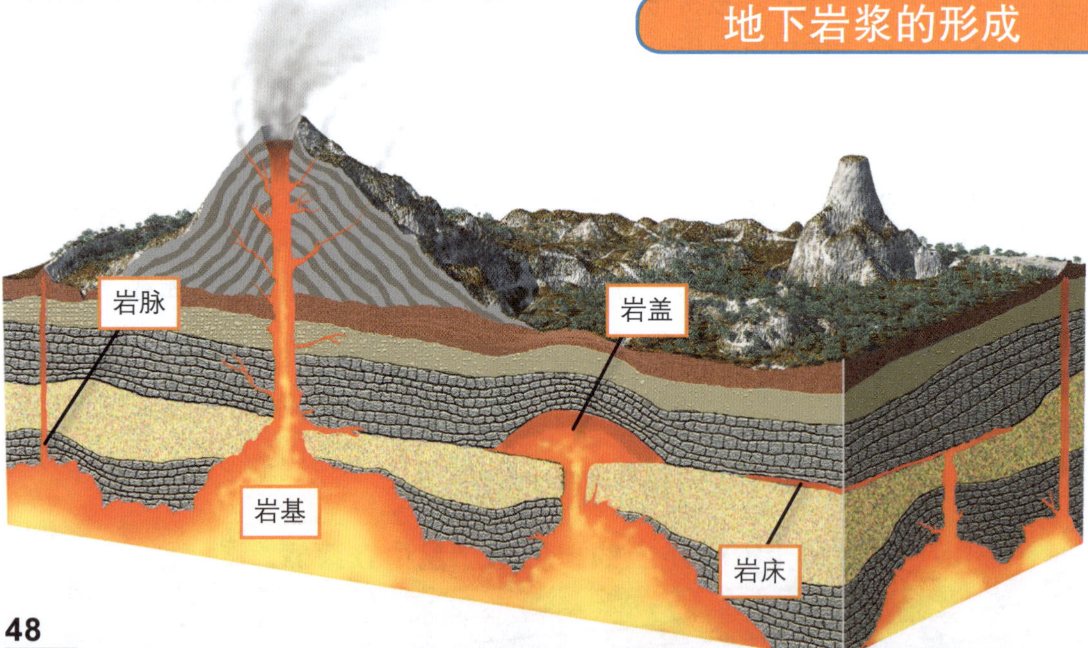

活火山的类型

夏威夷的莫纳罗亚

盾状火山

亚利桑那州的日落火山口

锥状火山

意大利的斯特隆博利岛

复式火山

迷你实验

火山的类型

1. **建立模型** 选择合适的材料来制作三种不同类型的火山模型。

2. **交流** 将三种不同类型的火山的形成过程及特点写下来，并放在每个模型旁边。
3. 你制作的火山模型的层次结构与真实的火山有什么相似之处？又有什么不同之处？

复式火山（composite volcano）是由火山碎屑层和熔岩层交替堆积而成的。复式火山通常呈圆锥形、对称结构。

快速检测

推理 锥状火山是怎么形成的？

批判性思维 比较死火山、休眠火山和活火山之间的异同。

夏威夷群岛的形成过程

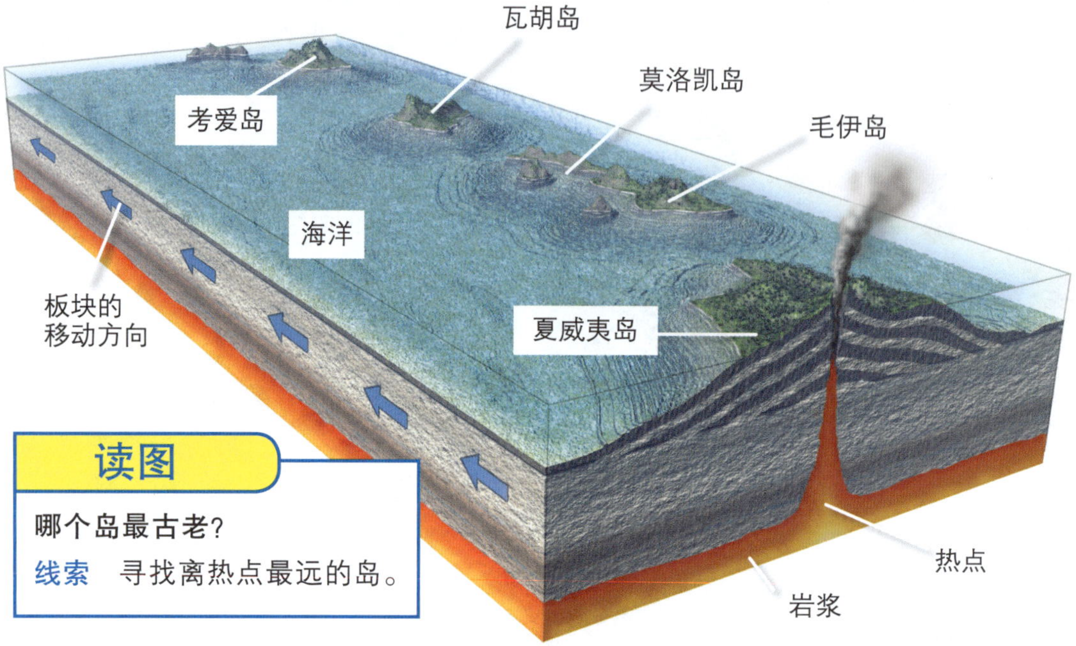

读图

哪个岛最古老？

线索 寻找离热点最远的岛。

火山怎样形成岛屿？

夏威夷群岛是一个由一系列火山组成的**岛链（island chain）**。这些岛屿是怎样形成的呢？科学家研究后发现，夏威夷群岛位于一个缓慢移动的构造板块上。随着板块的移动，它会经过一个被称为**热点（hot spot）**的固定的岩浆喷口。

经过数百万年的时间，从热点喷出的岩浆冷却形成一座山，最终，这座山露出海面，变成了一座火山岛。随着板块的移动，这个火山岛渐渐远离了热点，接着，一个新的火山岛又开始发育。

当一个海洋板块俯冲到另一个海洋板块下面时，会形成**岛弧（island arc）**。随着板块下沉，岩石会熔化成岩浆。岩浆不断聚集后上涌并从海底喷出。这些岩浆喷出后就会沿着板块边界形成一长串火山岛，即岛弧。阿拉斯加的阿留申群岛就是一个岛弧。

快速检测

推理 你需要哪些信息来确定某个岛屿是否由热点形成？

批判性思维 怎样区分岛弧和岛链？

课后回顾

摘要

	大多数火山出现在一个板块被挤压到另一个板块下方的板块边界地区。
	喷出地表的岩浆、岩石和火山灰等形成了火山山脉。
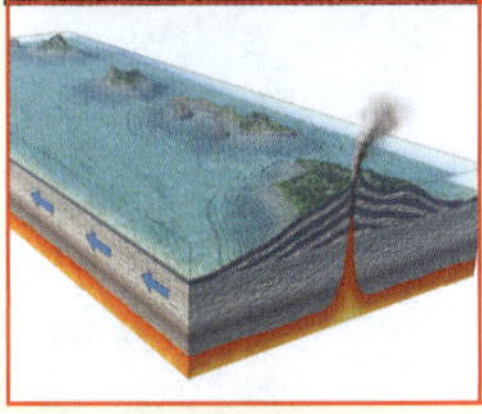	在海底喷出的岩浆可以形成火山岛。

制作 **折叠式学习卡**

如图所示，制作一个折叠式学习卡，并根据图中标题总结你本课所学到的相关知识。

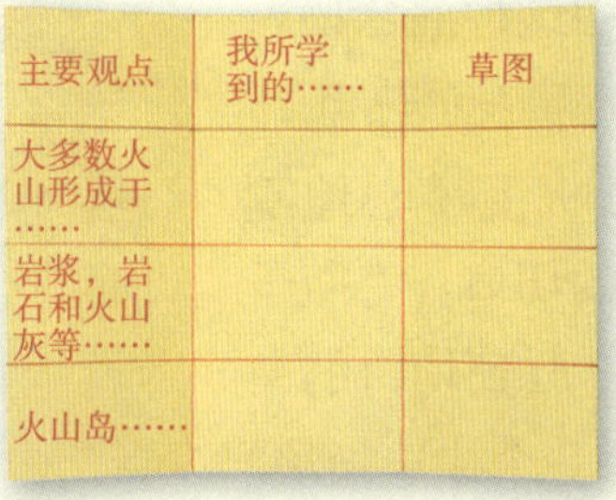

想一想，说一说，写一写

1. **词汇** 暂时不会喷发，但将来仍有可能会喷发的火山称为______。
2. **推理** 夏威夷群岛中下一个岛可能位于哪里？

线索	已知信息	推理信息

3. **批判性思维** 火山一般位于哪些地方？
4. **测试** 哪一种地形是由大范围的较薄的熔岩形成的？
   A 锥状火山　　B 盾状火山
   C 复式火山　　D 火山口
5. **测试** 下列哪项对热点的描述最准确？
   A 一座正在喷发的火山
   B 一个固定的熔岩层
   C 一个固定的岩浆池
   D 位于火山带上
6. **基本问题** 火山怎样塑造地表？

写作链接

采访一位火山喷发的目击者

查找资料，研究最近发生的一次火山喷发活动，并撰写一篇新闻报道。请注意引用现场目击者对本次火山活动的描述。

社会链接

维苏威火山喷发

查找资料，研究公元 79 年发生的维苏威火山喷发事件。请确定维苏威火山的位置，并描述此次火山喷发事件对附近居民和建筑物的影响。

科学探究

材　料

量杯

熟石膏

较大的容器

勺子

漏斗

塑料挤压瓶

1 张纸板

托盘

结构化探究

火山喷发是怎么形成岛屿的?

做出假设

如果构造板块以不同的速度经过热点，会形成什么样的岛屿？以“如果一个板块经过热点的速度比较快，这种情况下形成的岛屿……”的形式把你的假设写下来。

验证假设

1. **测量** △小心！戴好护目镜，然后将 750 毫升熟石膏放入一个较大的容器中。往容器中加入 250 毫升水，搅拌至薄糊状。
2. **建立模型** 利用漏斗，将混合物倒入挤压瓶中。用这种混合物表示岩浆，瓶子的喷嘴表示热点。
3. **建立模型** 在纸板上小心地割出一个又长又窄的切口。将瓶子的顶端穿过切口，放到切口的一端。这块纸板表示一个构造板块。
4. 轻轻地挤压瓶子，使瓶内的“熔岩”开始从“热点”流出。一边轻轻地拉纸板，一边继续挤压瓶子，这时会发生什么情况?
5. 再将瓶子装满熟石膏和水的混合物，重新再割一个切口，把瓶子的顶端放进切口的一端。重复步骤 4，但以更慢的速度拉动纸板，这时又会发生什么情况?

得出结论

6 比较步骤 4 和步骤 5 的结果。它们有差异吗？如果结果不同，那是因为什么呢？

7 **推理** 如果构造板块以缓慢的速度经过热点，形成的火山岛会是怎样的？

8 **推理** 如果构造板块以较快的速度经过热点，形成的火山岛会是怎样的？

夏威夷群岛的卫星图

指导性探究

不同类型的熔岩对火山的高度有什么影响？

做出假设

我们已经学过，不同厚度的熔岩形成的火山形状也不尽相同。那么熔岩的厚度对火山的高度又有什么影响呢？以“如果一座火山是由较厚的熔岩形成的，那么……”的形式把你的假设写下来。

验证假设

设计一个实验来探究不同厚度的熔岩对火山高度的影响。写下你需要的材料和实验步骤，并记录观察到的现象和实验结果。

得出结论

实验结果支持你的假设吗？为什么？给同学们解释你的实验结果。

开放式探究

你认为含有气泡的熔岩和没有气泡的熔岩相比，它们的移动方式会有所不同吗？想一想这个问题，然后设计一个实验来回答。实验中只能测试一个变量。做实验时，要将实验材料和步骤仔细记下，这样其他人就可以按照你的设计重复实验。

谨记 要遵守科学探究的步骤。

提出问题 → 做出假设 → 验证假设 → 得出结论

第4课
地　震

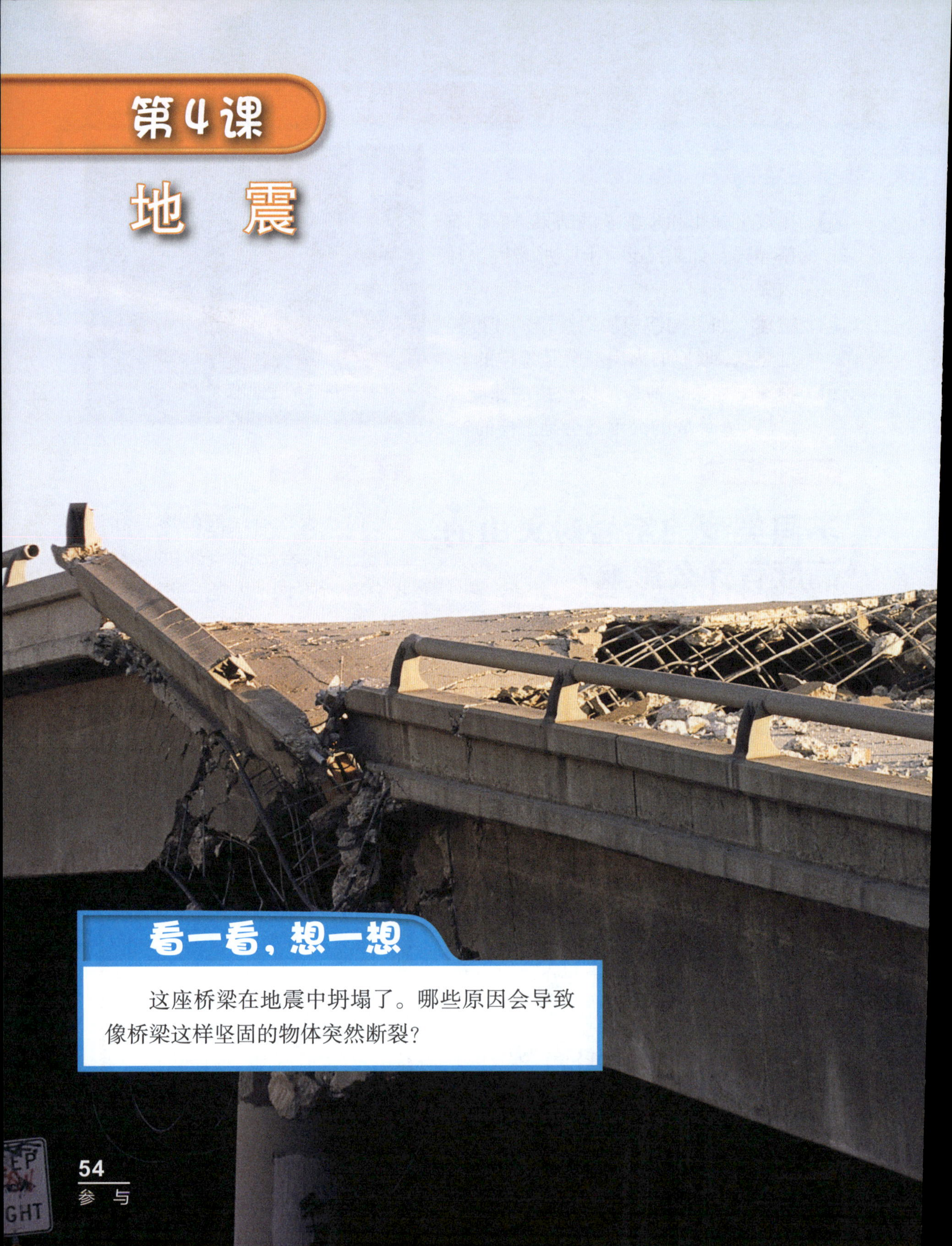

看一看，想一想

这座桥梁在地震中坍塌了。哪些原因会导致像桥梁这样坚固的物体突然断裂？

探究活动

地震时，地面会怎样？

实验目的

模拟地震中地面的运动。

实验步骤

1. 将两个泡沫块并排贴着放入托盘中。
2. 用泥土盖住泡沫块，并将其铺平。
3. 将盘子从桌子边缘拉出 5 厘米左右。
4. **观察** △**小心！** 用木块轻轻敲打盘底，泡沫和泥土会发生什么变化？
5. 当你继续轻敲盘子时，会发生什么？

得出结论

6. **推理** 如果你用更大的力敲打盘子，会出现什么现象？
7. 在这个实验里，泡沫块和两个泡沫块之间的切口分别代表什么？

进一步探究

在这个模型中，泡沫块之间的切口是有一定角度的。如果泡沫块以不同的角度切割，你认为实验结果会有不同吗？请你提出一个关于哪种切割角度使得泥土掉落最多的假设，建立模型并验证假设。

材料

- 泡沫块
- 盘
- 泥土
- 木块

步骤 2

步骤 4

读一读，学一学

基本问题
什么是地震以及地震是怎么发生的？

词汇
地震
震源
震中
震级
海啸

阅读技能
得出结论

文字线索	结论

什么是地震？

地面发生震动，架子上的物品掉下来，墙和建筑物倒塌，水管和煤气管破裂，公路弯曲，桥梁断裂……这些事件都是由地震引起的。地震（earthquake）是地壳的突然运动。

断层两侧的岩石受地壳中的作用力影响。通常情况下，断层两侧的岩石被卡在一起，当卡在一起的岩层突然滑动时，就会发生地震。你可以通过一个实验来模拟这个过程：将两只手紧紧地拉在一起，然后试着将一只手抽出来。你会发现在这种情况下，拉出一只手并不容易，但如果拉的力量足够大，两只手还是会分开。

沿着断层的滑动始于地表以下。大多数地震发生在距离地表不到 80 千米的深度。不过，地震也可以发生在 644 千米深处。

震源、震中和断层

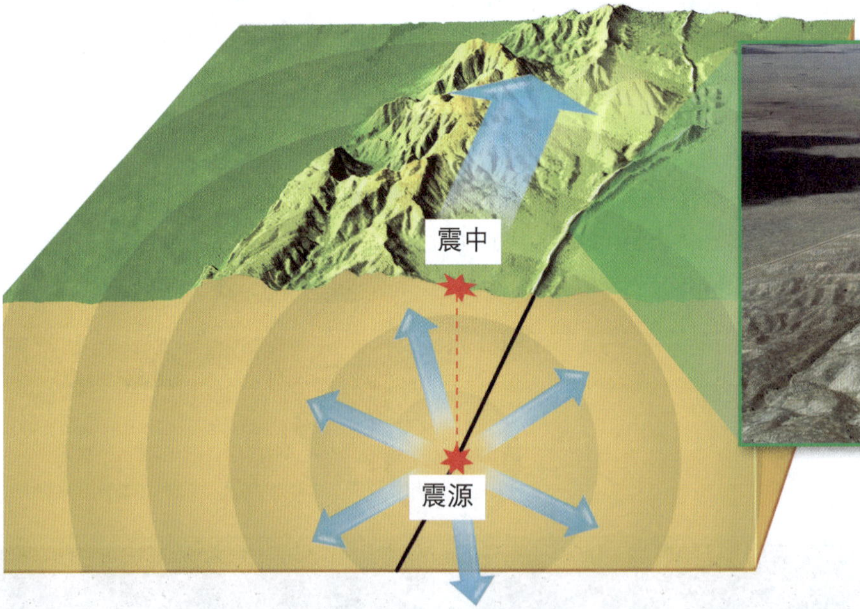

全球地震的分布

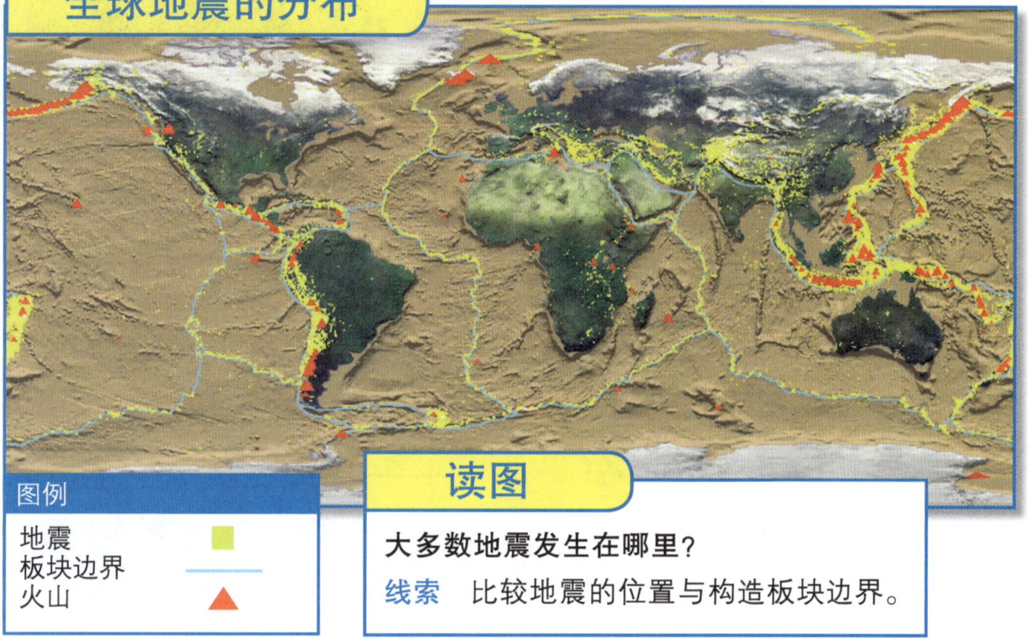

读图

大多数地震发生在哪里？

线索　比较地震的位置与构造板块边界。

滑动开始的地方叫作**震源**（focus）。地震会产生地震波，它们从震源向四面八方传播，当到达地球表面时，地震波会从震源正上方的点扩散开来。这个点就是地震的**震中**（epicenter）。位于震中的人们首先感觉到地面在震动。

地震波就像池塘里泛起的涟漪那样传播，所到之处都会导致地表的物体发生震动。地震造成的破坏性在一定程度上取决于震源释放的能量：震源释放的能量越多，破坏性越大。

地震一般发生在构造板块的边界地带，因为板块运动产生的压力会推动附近的断层运动。本页的地图展示了全球地震分布和地球构造板块的边界。美国的阿拉斯加州、俄勒冈州、华盛顿州和加利福尼亚州都位于板块边界附近，而美国大部分地震就发生在这些地区。

快速检测

得出结论　为什么美国中部地区的地震比西海岸地区少？

批判性思维　请比较全球火山分布图与地震分布图，你有什么发现？

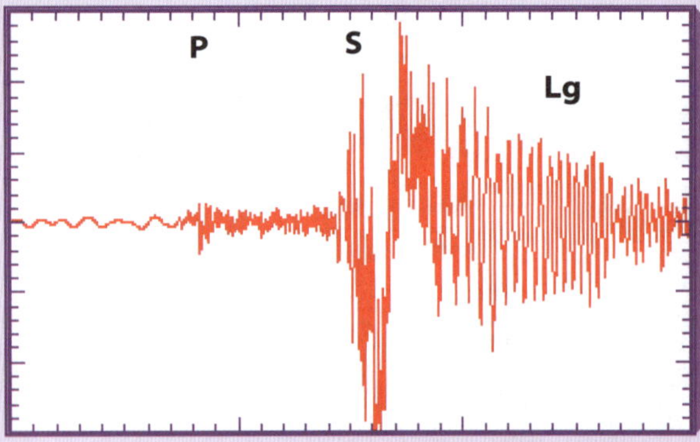

地震仪记录下的地震波。

地震会产生什么样的波?

2005年10月8日上午8时50分，亚洲的巴基斯坦发生强烈地震。几分钟内，地震波就传到了美国，被美国的地震仪记录了下来。

地震仪是一种探测和测量地震波的仪器。地震会产生三种不同的波：第一种是地震纵波，也叫作P波；第二种是地震横波，也叫作S波；第三种是表面波，也叫作Lg波。

地震纵波的传播速度最快，它能穿过地球的固体层和液体层。地震纵波会来回振动，导致岩石交替挤压和分离。

地震横波的传播速度只有地震纵波的一半，它只能穿过地球的固体层。地震横波导致的是上下振动。

表面波是三者中传播速度最慢的波。它们沿着地球表面传播，就像海洋上的波浪或池塘里的涟漪。这种波的破坏性最强。

地震波

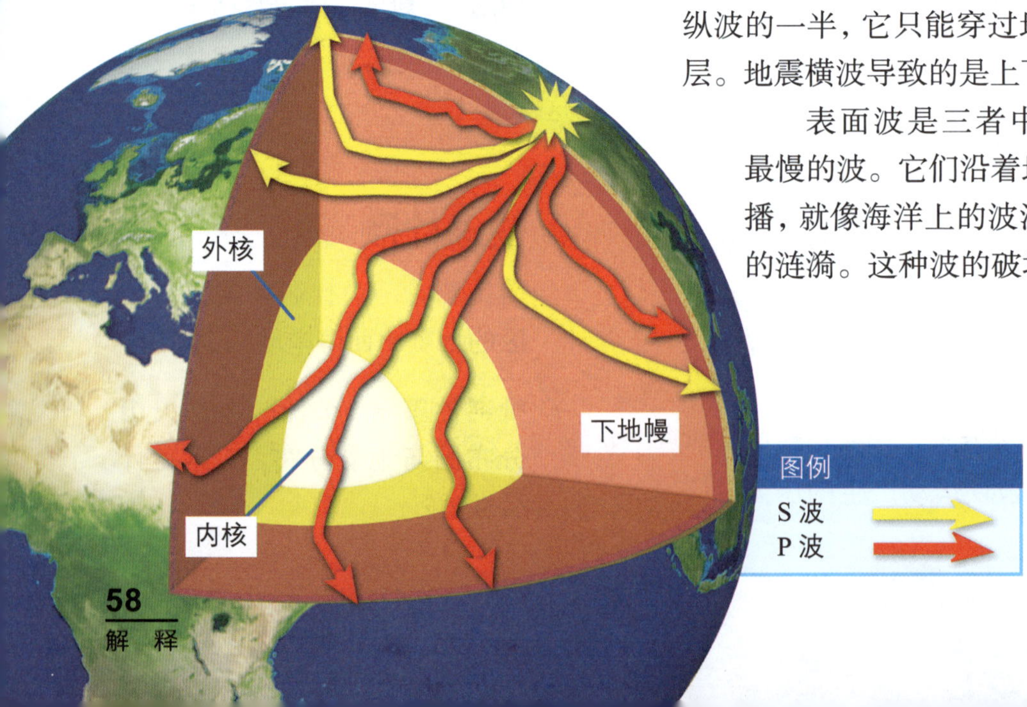

地震的定位

科学家怎么知道 2005 年 10 月 8 日的地震是从巴基斯坦开始的呢？他们是利用地震仪来确定震中位置的。

科学家通过 P 波和 S 波到达地震台站的时间差，得出地震台站到震中的距离。但是这样也无法找到震中的确切位置。例如，科学家测得从地震台站到震中的距离是 1000 千米，那么震中可能在一个距离地震台站半径为 1000 千米的圆的任何地方。

为了能够精确定位，科学家们需要至少三个台站的数据，利用这些数据在地图上画三个圆，这三个圆的交点就是这次地震的震中。

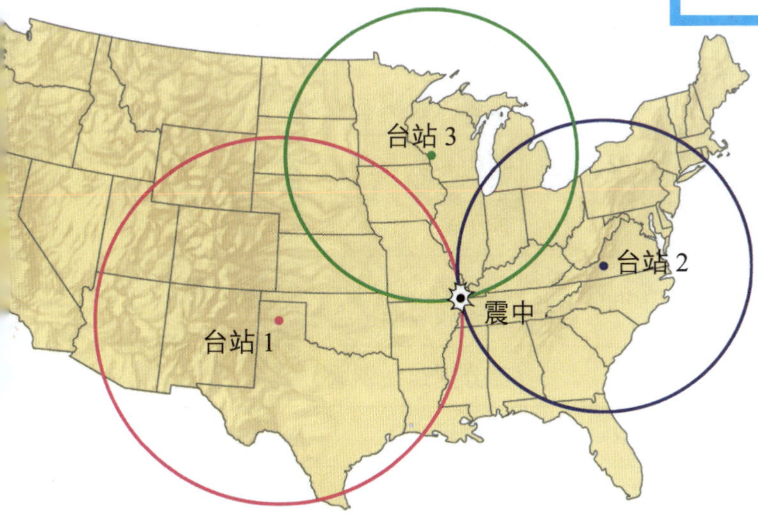

三个圆的交点就是本次地震的震中。

迷你实验

模拟 P 波和 S 波

1. 如下图所示，你和同伴分别拿着弹簧圈的一端，一直拉，直到它充分展开。
2. **建立模型** 用拇指弹拨其中一节弹簧圈，会出现什么现象？当你拨弹簧圈时，画出或描述其中一个圈的运动轨迹。
3. 这个模型模拟的是哪种类型的波？
4. **建立模型** 再把弹簧圈收起来，然后用手抓住弹簧圈的两端上下摇动，会出现什么现象呢？当你摇动弹簧圈时，画出或描述其中一个圈的运动轨迹。
5. 这个模型模拟的是哪种类型的波？

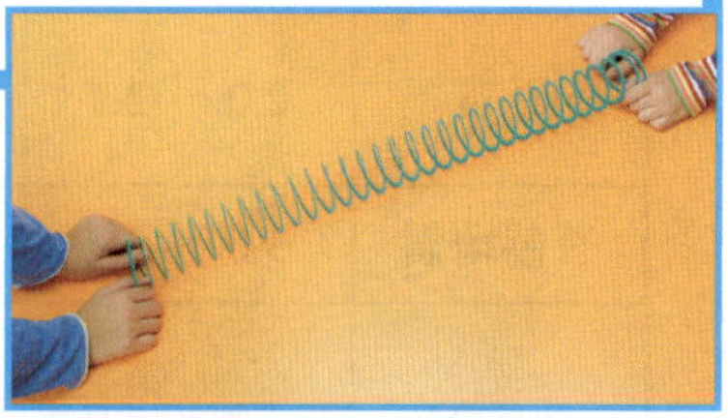

快速检测

得出结论 需要多少个台站才能找到地震的震中？

批判性思维 S 波只能穿过地球的某些特定圈层。你能根据这个现象推理出地球圈层的什么特点？

怎样测量地震释放的能量?

每次地震释放的能量都不一样，强地震释放的能量大大超过普通地震。经科学家测定，2005 年巴基斯坦地震的震级为里氏 7.6 级。**震级（magnitude）**是地震所释放的能量的量度。

里氏震级测定的是震中的震级。它将地震从弱到强进行分级，最弱的地震为 1 级。震级每增加 1 级，释放的能量大约增加 30 倍。例如，7.6 级地震释放的能量是 5.6 级的 900 倍（30×30）。

麦氏震级测定的是人们的感受以及在特定位置上物体所发生的震动。麦氏震级用Ⅰ到Ⅻ的罗马数字表示，Ⅻ是最严重的震级。根据麦氏震级，巴基斯坦地震属于Ⅻ级。

最强的主震过后，有时还会有**余震**。余震是主震之后接连发生的，震级较小的地震。一般来说，震级较大的地震中，余震较多，余震震级也较大。

里氏震级和麦氏震级的比较

一般描述	里氏震级	麦氏震级	每年发生的次数（估计值）	影响
超微震	小于 2.0	--	600000	通常感觉不到
弱震	2.0 ～ 2.9	Ⅰ～Ⅱ	300000	个别敏感的人在完全静止时会感觉到
有感地震	3.0 ～ 3.9	Ⅰ～Ⅱ	49000	在室内能明显感觉到
小地震	4.0 ～ 4.9	Ⅳ～Ⅴ	6000	室内多数有感觉，室外少数有感觉；家具会移动，书会从架子上掉下来
中强震	5.0 ～ 5.9	Ⅳ～Ⅶ	1000	几乎每个人都能感觉到；窗户、盘子和玻璃杯会被震碎
强震	6.0 ～ 6.9	Ⅶ～Ⅷ	120	部分建筑物倒塌
大地震	7.0 ～ 7.9	Ⅸ～Ⅹ	18	建筑物移位
巨大地震	8.0 ～ 8.9	Ⅺ～Ⅻ	1	大多数建筑物及其地基被毁

海啸的影响

读图

哪张照片是海啸后拍的？

线索 寻找洪水。

海啸

当地震发生在海底时，会导致海波向四面八方涌动。海水以每小时 500 ～ 1000 千米的速度穿过海洋。这些海波携带着巨大的能量。

在海里，能量通过深水传播，所以泛起的海浪不是很高。然而，当这些波浪到达海岸带附近的浅水区时，同样的能量只能通过较少的水传播，这时波浪的高度就会大大增加。结果导致海滩和港口等地出现巨大的**海啸**（tsunamis）。“tsunamis”源于日语单词“津波”，意思是“港口的波浪”。

海啸通常发生在里氏 6.5 级以上的水下地震之后，它可以通过探测地震来预测。在太平洋地区，有一套探测系统可以专门用来测量水深的变化。当海啸发生时，这套系统会向有危险的地区发出警报。人类正在研发一个全球海啸预警系统，用来预报未来可能发生的海啸。

快速检测

得出结论 5.0 级的地震比 3.0 级的地震强多少？

批判性思维 为什么海浪在到达海岸带附近时会变得越来越高？

海啸的横截面

人类该如何应对地震？

虽然我们无法阻止地震的发生，但是仍可以采取一些措施来减少地震所造成的破坏。通过发布地震预警，我们可以提早做好地震准备；如果在地震中被困，我们可以设法寻找一个安全的地方来躲避危险。

通过在建筑物和地基之间放置橡胶层和钢层，可以减少地震对建筑物的破坏。这些隔层可以缓冲地震时的上下震动，但建筑物仍会左右晃动。地震时，这些隔层上的建筑物还是会摇晃，但受损的可能性要小得多。在洛杉矶和圣弗朗西斯科等美国城市，大多数新建的建筑都采用了这种方法。

地震前，我们应该收好那些可能会坠落的物体。在地震时，我们要找一些安全的地方作为避难所，比如可以躲进坚固的桌子下或厨房的柜台里。

预测地震并不是一件容易的事情。加利福尼亚州的各个地区都安装了探测仪器，这些仪器可以用来追踪地震发生前的一些痕迹，比如地面隆起或地面倾斜角度变化。

观察到这些变化后，还有多久会发生地震？这个时间不一定，可能需要数小时、数天、数周，甚至数月的时间，因为地球内部需要积累足够的能量才会发生地震。正因如此，预测地震的工作是很困难的。如果科学家能够准确地预报地震发生的时间，那么人们就能有时间在地震来临前找到安全的避难所。

比起地震，预测海啸则相对容易些，因为它发生在海底地震之后。通过地震仪能探测到海底的地震，然后科学家会对即将发生海啸的沿海地区发出警报，收到海啸预警的人们可以提早在远离海岸线的高地上寻找避难所。

圣弗朗西斯科的这座建筑是抗震设计。

快速检测

得出结论 如果收到海啸警报，你会逃到哪里去避险？

批判性思维 为什么地震很难预测？

真相 如果地震发生时你还在室内，安全的办法是躲到坚固的桌子下。

课后回顾

摘要

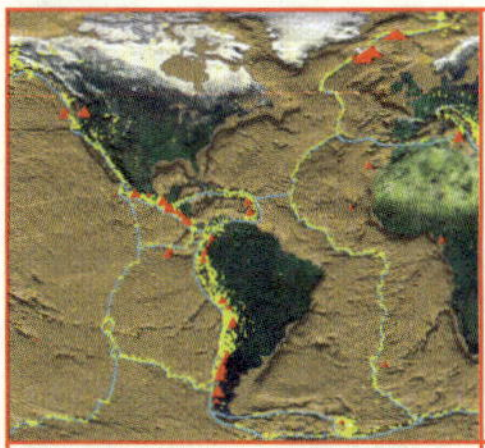

大多数地震发生在板块的边界处。当巨大的岩石板块在断层处突然移动时，就会发生地震。

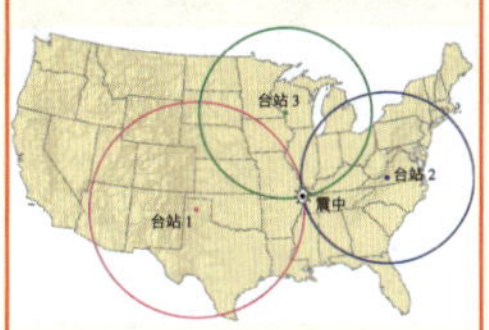

地震仪可以用来探测地震。

地震和海啸可以通过建立预警系统、建造更安全的建筑物和遵守个人安全守则等办法来减小它们所造成的影响。

制作 折叠式学习卡

如图所示，制作一个折叠式学习卡，并根据图中标题来总结你本课所学到的相关知识。

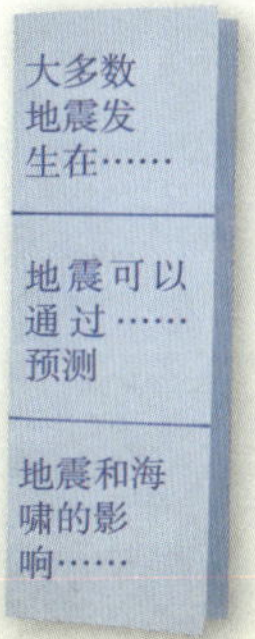

想一想，说一说，写一写

1. **词汇** 位于地震震源正上方的地球表面的点叫作________。
2. **得出结论** 如果海啸袭击海岸带，你能从中得出什么结论？

文字线索	结论

3. **批判性思维** 比较里氏震级和麦氏震级。
4. **测试** 下列哪个选项对断层的描述最恰当？
   A 一种地震波
   B 一种岩层
   C 一种地壳的裂缝
   D 一次大地的震动
5. **测试** 在地震中怎么保证自身安全？
   A 躲到靠近窗户的地方
   B 躲到坚固的桌子下
   C 躲到家具边
   D 躲在烟囱里
6. **基本问题** 什么是地震以及地震是怎么发生的？

数学链接

计算地震强度

里氏 8.0 级的地震比里氏 5.0 级的地震强多少？

社会链接

地震震级

你家所在的地区发生过地震吗？如果有，它发生在什么时候？震中在哪里？造成了什么样的影响？

地震对火山爆发的预警有什么作用？

火山爆发前会发生什么？首先，岩浆进入火山底下的岩浆房，然后，随着岩浆房中压力上升，岩浆上涌到地表。当岩浆开始运动时，会引起小地震。当这种发生在地表附近的地震出现时，火山爆发的可能性就会增加。科学家用地震仪来监测这类地震活动。

科学家还在继续研究地震的类型。当岩浆穿过岩石到达地表时，会发生短周期地震，这也让科学家知道地表附近的岩浆量还在增长。通过长周期的地震活动，科学家就可以知道地表之下有岩浆在持续运动，这也意味着岩浆可能正在朝地表流动。

说明文写作

一篇好的说明文应该：

- 用事实和论据支持主要观点；
- 以有组织、有逻辑的方式列出发生的事件；
- 恰当使用表示时间顺序的连词，使事件发生过程更清晰。

写作

说明文写作 短周期地震和长周期地震有什么区别？查找资料，写一篇说明文来阐述你的观点。

里氏震级的应用

根据里氏震级的规定，震级每高 1 级，就多释放 30 倍的能量。那么对于震级间隔小于 1.0 的两场地震，怎么比较它们之间的强度差异呢？地震震级每高 0.1 级，释放的能量就是 1.4 倍。

美国历史上的地震

地点	日期	震级（里氏）
加利福尼亚州特琼堡	1857 年 1 月 9 日	7.9
加利福尼亚州圣弗朗西斯科	1906 年 4 月 18 日	7.8
阿拉斯加州科迪亚克岛	1900 年 10 月 9 日	7.7
加利福尼亚州欧文斯谷	1872 年 3 月 26 日	7.4
内华达州普莱森特瓦利	1915 年 10 月 3 日	7.1
阿拉斯加州德纳里	2002 年 10 月 23 日	6.7

资料来源：美国地质调查局

解决问题

1. 特琼堡地震是科迪亚克岛地震的多少倍？
2. 科迪亚克岛地震是欧文斯谷地震的多少倍？
3. 普莱森特瓦利地震是德纳里地震的多少倍？

小数乘法

- 按整数乘法相乘求出积。
- 再数一数被乘数和乘数一共有几位小数。
- 从积的右边起，数出被乘数和乘数的小数位数之和，点上小数点。

$$\begin{array}{r} 4.3 \\ \times\ 2.5 \\ \hline 10.75 \end{array}$$

4.3 ← 一位小数
× 2.5 ← 一位小数
10.75 ← 两位小数

第5课

塑造地表

看一看，想一想

冰、水和风的运动不断地改变地表。地表是怎么变化的？

探究活动

冰是怎么分解岩石的?

做出假设

固态水和液态水，哪一种形式的水更占空间? 把你的假设以“如果水在一个有限的空间里结冰了，那么……”的形式写下来。

验证假设

1. 从容器底部开始，用记号笔和尺子每隔 1 厘米就做一次标记，一直标到 15 厘米。
2. 在水中加入 5 滴食用色素。
3. 往两个容器中倒水，直到水位达到 10 厘米的标记处。
4. 分别给两个容器盖上盖子。把一个容器放在冰箱的冷冻室里，另一个容器放在室温下。
5. 等放入冰箱的水完全冻结后，将其取出。
6. **观察** 两个容器中的水的高度是否相同? 两个容器的形状是否有变化?

得出结论

7. **解释数据** 水结冰后，体积有什么变化?
8. **推理** 根据你的实验结果，如果水在岩缝中结冰，会发生什么情况?

进一步探究

还有一些其他过程也可以改变岩石的表面形态。观察附近的人行道，留意人行道表面的裂缝或变化，是什么导致了这些变化?

材 料

- 记号笔
- 直尺
- 两个相同的带盖塑料容器
- 食用色素
- 水

步骤 1

步骤 3

读一读，学一学

基本问题

风化和侵蚀是怎样塑造地表的？

词汇

风化　侵蚀
冰川　沉积
曲流　沉积物
河漫滩

阅读技能

问题和解决方案

问题
↓
解决步骤
↓
解决方案

什么是风化作用？

雨水落在新泽西州帕利塞兹的悬崖上时，水会渗进岩石的裂缝中，并积聚在那里。当温度降到冰点以下时，液态的水就会变成固态的冰。冰比水所占的体积更大，结果使得裂缝被撑大，甚至会导致岩石碎裂。

周而复始，悬崖会被慢慢磨损，这个过程叫作风化。**风化（weathering）**是指岩石或其他物质被逐渐分解的过程。

物理风化

物理风化是由温度变化、推、拉或摩擦等导致的。当岩石裂缝中的水结冰时，冰把岩石撑开，导致岩石破裂。

树木和其他植物可以从悬崖的裂缝中生长出来，它们的根扎在裂缝里。这种压力也会导致岩石破裂。

帕利塞兹位于哈德逊河畔的新泽西州，风化作用正在慢慢地磨损这里的岩石。

重力导致斜坡上的岩石下落。这些岩石向下滚动时，会与其他岩石相撞。经过撞击，一部分岩石可能会破裂。

风吹在裸露的岩石上，卷起的小沙粒或尘土会与岩石产生摩擦。河流中的岩石也会相互碰撞或摩擦，这种摩擦磨平了岩石的表面。

▲ 溶洞是由地下水中的化学物质分解岩石后形成的。

化学风化

化学风化发生在化学物质分解岩石的时候。当地下水中的化学物质溶蚀了地下的岩石时，地下会形成洞穴。

在美国东部的一些地方，你经常能看到一些表面被磨损或者坑坑洼洼的石头或金属雕像，有些雕像甚至连颜色都变掉了。如果你看到这些变化，说明这些雕像可能受到了酸雨的影响。

工厂排放的气体进入大气，与雨滴结合后会形成酸雨。酸雨会腐蚀石头和金属等物质。被腐蚀的材料可能会破碎，或者被风和降雨带走。

▲ 酸雨导致这只青铜狮子变色。

快速检测

问题和解决方案 酸雨是怎么破坏雕像的？

批判性思维 物理风化和化学风化有什么区别？

当松散的土壤和岩石受重力作用下落时，就会发生滑坡。

什么是侵蚀？

下雨时，有些雨水会渗入地下，一旦土壤吸饱水，多余的水就会与土壤混合，形成泥浆。最终，泥浆中因为含有太多的水，不能继续停留在斜坡上。当泥浆流下斜坡时，它会撞倒树木，毁坏途经的一切。这种由大量泥沙、石块和水组成的混合流体从斜坡下滑的现象称为***泥石流***。

侵蚀（erosion）是指岩石被风化后从一个地方移动到另一个地方的过程。陆地上的岩石可以被重力、冰川、流水、海浪或风侵蚀。

重力

受重力作用，斜坡上松散的岩石和土壤会向下滑落，泥石流亦是如此。***滑坡***是指大量的岩石和土壤沿着斜坡下滑的运动。地震或火山爆发后都可能发生山体滑坡。因为地震和火山爆发会导致地面晃动，使得松散的岩石和土壤在重力作用下向下滑动。

植物的根会深深地扎在土壤中或缠绕在岩石的四周。如果山上长满植物，植物的根就会紧紧地附着在土壤和岩石上，这样可以有效防止泥石流或滑坡的发生。

冰川

冰川（glacier）是一种能沿地面缓慢流动的大型冰体。冰川形成于寒冷地区，那里的雪会堆积并冻结成冰。水在雪下的岩石裂缝中结冰，反复冻融导致岩石风化。随着冰川的运动，风化的岩石碎屑会被带到新的地方。

冰川携带的这些岩石碎屑磨蚀了冰川前缘所在的地面，形成了一个深深的碗状凹陷，叫作**冰斗**。岩石和流动的冰体还会磨损位于冰川两侧的泥土和岩石。

最终，冰川前缘的冰会融化。如果冰体的融化速度比冰川的移动速度更快，那么冰川就会缩小。在冰川形成之前，山谷的形状是底部尖锐的V字形，而冰川侵蚀之后的山谷呈U字形，底部和两侧都更扁平一些。

迷你实验

侵蚀速率

1. **做出假设** 流水的速度对土壤的侵蚀速率有什么影响？根据你的思考做出一个假设。
2. **建立模型** 把泥土放在两个相同的烤盘里，每个烤盘里的土层高度相同。
3. 在每个盘子下面放一个木块。
4. 往有喷头的喷壶里倒2杯水，再慢慢地把水倒进盘子里。记录下你的观察结果。

5. 取下喷头，再往喷壶里倒2杯水，然后再慢慢地把水倒进盘子里。记录下这次的观察结果。
6. 实验结果支持你的假设吗？

山谷的形成

读图

这个山谷是由哪种类型的侵蚀形成的？

线索 观察山谷的两边和底部。

快速检测

问题和解决方案 人们能为防止山体滑坡做哪些工作？

批判性思维 如果冰川完全融化了，冰斗处会形成什么样的地形？

什么是沉积作用?

在冰川侵蚀土壤和岩石时，被侵蚀的物质会被推到前面。冰川开始收缩时，这些物质就留在了那里。被侵蚀的物质在其他地方的堆积过程称为**沉积（deposition）**。侵蚀和沉积共同作用，改变了地表形态。

流水侵蚀和沉积

水从山上流下来的过程中会冲刷土壤、侵蚀岩石。水、土壤和岩石会被带入更大的水体，比如河流。水流湍急的河流往往沿直线前进，这些河流河道较深，河岸较陡。水流缓慢的河流则往往曲折前行，这些河流河道较浅，河岸较低。沉积现象在流速缓慢的河流中更常见。

曲流（meander）是指弯弯曲曲，形如蛇状的河流，通常形成于水流速度缓慢的河流中。河水中携带的土壤和岩石碎屑称为**沉积物（sediment）**。在缓慢流动的曲流内，泥沙有足够的时间从水中沉积下来。随着沉积物的沉积，河流最终可能会变成新的陆地。

曲流凹岸的河水流速比凸岸更快，所以凹岸的沉积物更容易被带走。有时候，凹岸的河水甚至还会侵蚀河岸，带走更多的沉积物。

这样弯弯曲曲的河流叫作曲流。

海蚀拱的形成

波浪侵蚀和沉积

波浪涌入浅水区时，通常会以一定角度拍打海岸。这意味着波浪在侵蚀海岸时，会将沙子和岩石带到更远处，或者说带到一边去。

当波浪传到**海岬**，或一片三面临水的陆地时，它们会沿着岬角弯曲，冲刷海岬的两侧。随着波浪的继续侵蚀，海岬处就会慢慢形成一个海蚀拱。

当海浪冲走沙滩上的沙子时，这些沙子可能会沉积在海中，而不是再回到沙滩上。随着时间的推移，海中沉积的沙子会形成一条露出水面的沙带，这种条状的地形叫作**沙洲**。沙洲形成后可能会保留一段时间，也可能会被海水冲毁。

风力侵蚀和沉积

风也会磨损岩石，使其表面变得平滑。风还会把沙子或沉积物从一个地方吹到另一个地方。当风速慢下来时，它携带的沙子等沉积物就会在那里沉积下来。

波浪携带的沙子在水中沉积下来后，慢慢形成了沙洲。

快速检测

问题和解决方案 为什么海滩上的沙子被波浪侵蚀是一个令人头疼的问题？

批判性思维 重力对物质的沉积有什么影响？

海岸线是怎么变化的?

海岸线是指海洋与陆地的交界处，这里会因为侵蚀作用和沉积物的沉积作用而发生变化。这里的沉积物是由流水、波浪和风沿着海岸线侵蚀和沉积后留下来的。

流水

水流经地面，汇入小溪和河流。当水流速度超过河流的排水速度时，水汇集到平常干燥的地面上，这种情况就称为**洪水**。

水体溢出河岸或海滩时，就会发生洪水。暴雨期间也可能发生洪水。湿地可以蓄水，减少洪水的发生频率。湿地干涸或过度砍伐河岸边的植物会加大洪水发生的频率。

洪水暴发时会携带和沉积一些沉积物。**河漫滩（floodplain）**是一个在枯水时出露，洪水时很容易被淹没的地方。洪水还会侵蚀水体的边缘，改变其形状或流向。

河漫滩

读图

哪张照片反映了沉积物被带到河漫滩?

线索　洪水携带有沉积物。

风吹走沙滩上的沙子，在不远处形成海岸沙丘。

海浪

在有些海岸线附近，有一种沿海岸带分布、长可达几百千米的狭长沙洲，这种沙洲叫作**障壁岛**。障壁岛可以在一定程度上保护海岸线，使其免受暴风雨期间的巨浪侵蚀。因为障壁岛可以削减海浪的能量，从而减小海浪对海岸带的侵蚀作用。在强风暴天气过后，障壁岛可能会被完全侵蚀，不再露出水面。如果没有这些障壁岛，那么下一次风暴来临时，海岸带会被侵蚀得更严重。

风

一些沿海地区会有一组或多组沿海岸线排列的沙丘，这些沙丘位于海滩的内陆方向。风侵蚀沙滩，并在海滩上沉积时，就会形成海岸沙丘。

海岸沙丘通常是顺着风吹的方向形成的。起风时，风会把沙丘上靠近海岸方向的沙子吹向内陆，结果导致海岸沙丘发生移动。

海岸沙丘可以保护内陆地区，使其免受风暴带来的巨浪侵袭，还能减少风对内陆的侵蚀。如果出现强风或海浪，海岸沙丘可能会被完全侵蚀。

快速检测

问题和解决方案 如果湿地干涸，很有可能造成什么情况？

批判性思维 海岸沙丘对保护内陆有什么作用？

怎样保护海岸线？

当沙滩的侵蚀速度超过沉积速度，海岸线就会遭到破坏。不过人们可以采取一些措施，来防止海岸线进一步的侵蚀或降低其侵蚀速度。

人们通常用改变水流的速度或方向的办法来保护岸线。比如，建造水坝可以用来控制河水的流速。

还有一些其他结构也可以改变水的流动方向或阻碍水的流动。**防洪堤**是一种用来储备水体或阻挡洪水的工程。挖运河或沟渠也可以用来疏浚水流，避免洪水。

沿着海岸在水中设置障碍物可以减缓波浪对海岸的侵蚀作用。有些地区的人们还用水泵和软管把水里的沙子运回沙滩上，有的甚至从其他地方运来沙子，补充因侵蚀而流失的沙滩。

那么，怎样才能减少风对海滩和海岸沙丘的侵蚀呢？在海岸沙丘附近搭建篱笆，可以用来降低风速，减小风对海岸沙丘的侵蚀速率。有时，人们还会在海岸沙丘上种草，草根可以起到固沙的作用。

▲ 人们会设置一些障碍物来防止大浪引起的洪水。

篱笆和草地可以防风固沙。

快速检测

问题和解决方案 在海岸沙丘上种草为什么可以减少风力侵蚀？

批判性思维 在制订防止或减少侵蚀的措施时，为什么要考虑到整个海岸线而不是某一个区域？

课后回顾

摘要

	地表会被风化。风化可分为物理风化和化学风化。
	侵蚀过程中，物质会从一个地方移动到另一个地方。
	流水可能会引起洪水，破坏地表。

制作 折叠式学习卡

如图所示，制作一个折叠式学习卡，并根据图中标题总结你本课所学到的相关知识。

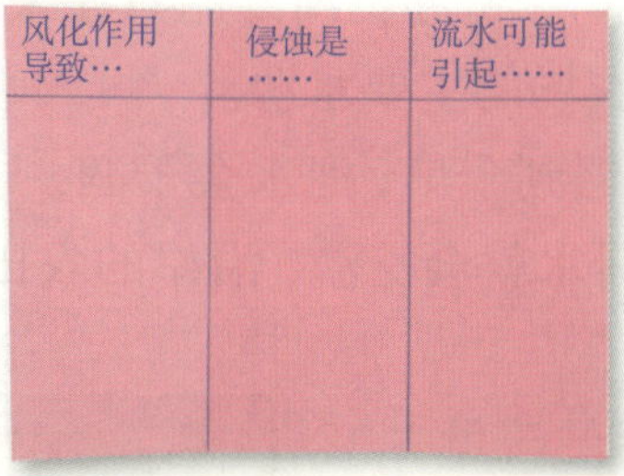

想一想，说一说，写一写

1. **词汇** 随着河水流速的减缓，__________会被沉积下来。
2. **问题和解决方案** 如果要防止海浪侵蚀海滩，你会怎么做？

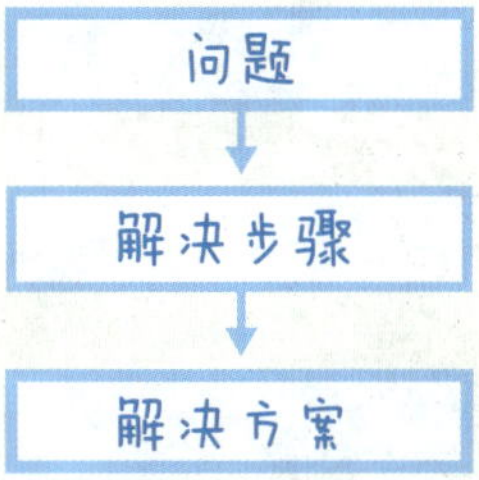

3. **批判性思维** 怎样才能知道是哪一种风化作用侵蚀了悬崖呢？
4. **测试** 沙洲是什么？
   A 一片狭长的沙地
   B 用来挡水的坝
   C 河口的沉积物
   D 被缓慢移动的冰川推动的岩石
5. **测试** 什么导致沙丘移动？
   A 水　　B 重力
   C 酸雨　　D 风
6. **基本问题** 风化和侵蚀是怎样塑造地表的？

写作链接

虚构类写作

写一篇黄河之旅的文章。描述一下沿着这条河，你会看到哪些不同的地形。

社会链接

洪水的作用

查找资料，研究古代埃及人怎样利用尼罗河每年泛滥的洪水来灌溉他们的庄稼。

在大泥潭中挣扎

密苏里河全长 4000 多千米，流经美国 10 个州。因为河水携带了大量的沉积物，所以密苏里河也被人们称为“大泥潭”。密苏里河是船只往来的重要路线，也是千百万人以及成千上万城镇、工厂和农场的主要水源。

过去的密苏里河是无法控制的。如果遇到干旱，河水会干涸，导致农民无水灌溉，航运也只能暂停。如果遇到暴雨，河水就会泛滥，沿岸的农田和城镇都会被洪水淹没。

1944 年，政府决定人为调节密苏里河的流量。工程师建造了一系列水坝和防洪坝来调节水流，这极大地改变了航道的状况。

例如，这条河曾经包括一些小的支流，覆盖了一个广阔的河漫滩。现在，一座 1127 千米长的堤坝直接将这些水引流到一条又长又深的河道。然而，当降水超过预期时，密苏里河仍有可能发生洪水。1993 年的洪水曾淹没了超过 6 万平方千米的农田。

鹬在密苏里河的河滩上觅食。

艾奥瓦州苏城附近的洪水

人们对鲟鱼进行测量和标记，以便跟踪其种群的变化。

控制河流的流量可以解决一些问题，但也会引起一些新的问题。例如，水坝会妨碍鱼群的迁徙。事实上，密苏里河的许多鱼类和其他野生动物现在都因此面临威胁或濒临灭绝。水坝还会影响下游地区的土壤肥力，大量的营养物质因为水坝的拦截而无法输送到下游的农田。

调节一条像密苏里河这样复杂的河流是相当困难的，需要综合考虑许多不同的因素，平衡其短期和长期的影响。工程师、环保主义者和政府官员需要共同努力，提出一个满足人类与环境和谐发展的解决方案。

问题和解决方案

- 通过寻找冲突或需要解决的难题来明确问题。
- 想想如何解决冲突或难题。

写作

问题和解决方案

1. 1944年以前，密苏里河有哪些问题？
2. 政府通过哪些手段来调节密苏里河的流量？这对密苏里河造成了什么影响？

AMERICAN MUSEUM of NATURAL HISTORY

第1章 复习和测试

词汇

DOK 1

摘要

第 1 课　地球的每个圈层都有自己的特点。

第 2 课　地球表面是由不断运动的板块构成的。

第 3 课　火山存在于岩浆喷出地表的地方。

第 4 课　地壳中大型岩板突然移动时，会发生地震。

第 5 课　风化和侵蚀改变了地表的形态。

制作 折叠式学习卡

如图所示，把本章中每节课的折叠式学习卡放在一起，把第 5 课的折叠式学习卡贴在后面，并用它来整理你本章所学到的相关知识。

选择合适的词汇填空。

沉积	板块构造学
断层	海啸
热点	火山
地形	风化
震级	外核

1. 岩浆从地壳裂口流出，形成__________。
2. 岩石和其他物质被分解的过程称为__________。
3. 表示地震所释放能量的量度是__________。
4. 由液态金属构成的地核层是__________。
5. 夏威夷群岛是因________形成的。
6. 地壳上的一些深裂缝叫作__________。
7. 解释大陆运动的理论称为__________。
8. 地球表面的形态叫作________。
9. 由海底地震引起的巨浪叫作__________。
10. 被侵蚀的岩石碎屑堆积的过程称为____________。

科学技能和科学概念

DOK 2～3

请回答下列问题。

11. 下列哪项是由风形成的？

A 沙洲　　B 曲流

C 海岸沙丘　　D 障壁岛

12. 下列哪一项属于化学风化？

A 树根撑破了岩石。

B 酸性水溶解石灰石，形成了洞穴。

C 水结冰后将岩石撑裂。

D 冰川侵蚀河谷。

13. 地震发生在距 1 号地震台站 200 千米的地方。从下图中可以得出什么结论？

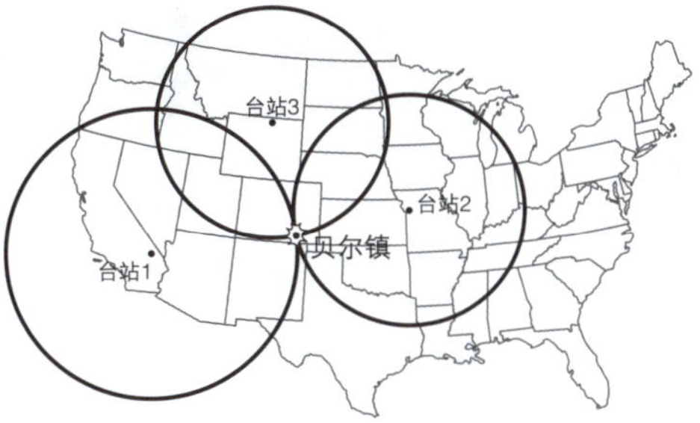

A 只有 1 号台站和 2 号台站有震感。

B 地震的震级是 2.9 级。

C 地震的震中在贝尔镇。

D 台站 3 距离震中 200 千米。

14. 判断正误　板块会导致火山爆发。这个说法对还是错？为什么？

15. 问题和解决方案　我们可以怎样减少地震带来的破坏？

16. 对比和比对　描述板块运动的类型以及它们运动的结果。

17. 建立模型　在纸上画出大陆的轮廓，并把它们剪下来。把各大陆当作一块块拼图。看看它们能不能组合在一起。你制作的模型形状与泛大陆的形状有什么异同？

18. 批判性思维　地形对当地居民有什么影响？请举例说明。

19. 说明文写作　地震震中和震源的位置有什么关系？

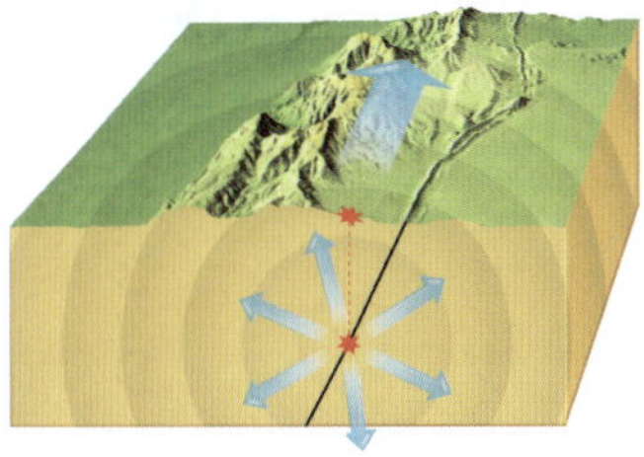

大概念

20. 地球表面是怎么变化的？

表现性评价

DOK 4

侵蚀还是风化？

观察你所在地区附近的岩层、建筑物和雕像。

活动步骤

1. 寻找侵蚀或风化的证据，并记录下你所看到的细节。
2. 分别列出侵蚀和风化的例子。

分析结果

▶解释例子中各是哪种类型的风化或侵蚀，请说明判断依据。

测 试

1 根据下图回答问题。

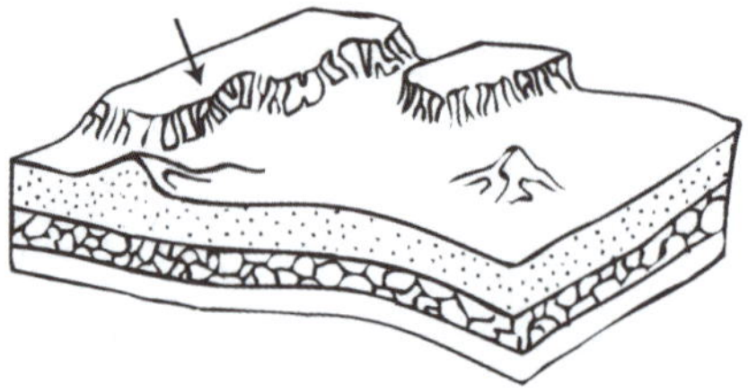

箭头指向的平地高于四周。这种地形被称为什么？

DOK 1

A 山谷　　B 峡谷

C 沙丘　　D 高原

2 科学家正在研究下面的火山。这座火山有宽阔的底部和平缓的斜坡。这是一座哪种类型的火山？

DOK 1

A 锥状火山

B 复式火山

C 冰斗

D 盾状火山

3 所有生物生存的部分是地球的哪个圈层？

DOK 1

A 生物圈　　B 大气圈

C 岩石圈　　D 水圈

4 两个板块相互挤压可能会产生下列哪种地形？

DOK 1

A 断块山　　B 褶皱山

C 大洋中脊　　D 深海平原

5 据图回答问题。

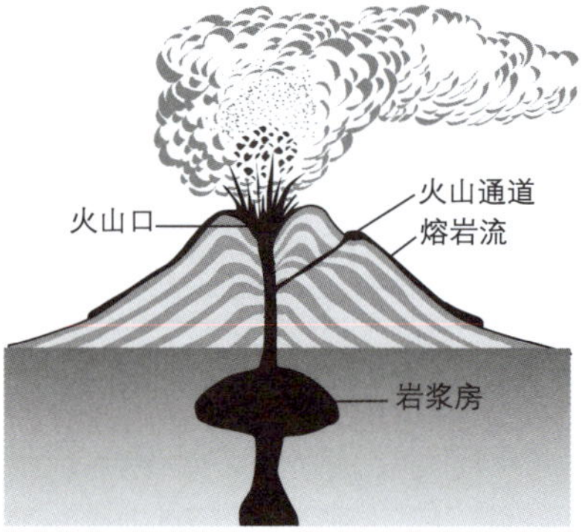

炙热的熔岩形成和汇聚的地方是哪里？

DOK 1

A 火山口　　B 火山通道

C 岩浆房　　D 熔岩流

6 下图中的岩石开裂最有可能是哪种原因导致的？

DOK 2

A 大型动物破坏　　B 重力作用

C 化学风化　　D 冻融作用

7 里氏震级上的数字越大意味着什么？
DOK 1

A 地震的影响较小
B 震中离震源较远
C 地震释放的能量越多
D 余震越少

8 下面这幅图中的地形最可能是由什么造成的？
DOK 1

A 河水　B 强风
C 雨水　D 冰川

9 下列哪种最有可能导致沙漠中的岩石破裂？
DOK 1

A 流水　B 风
C 酸雨　D 动物

10 什么会引起海啸？
DOK 1

A 火山　B 海上风暴
C 海底地震　D 龙卷风

11 无论是液态水还是固态水，它们都能侵蚀地表。请分别说明液态水和固态水是怎样侵蚀和重塑地形的。
DOK 2

12 据图回答问题。

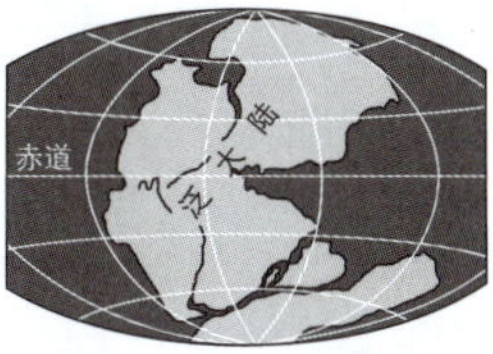

阿尔弗雷德•魏格纳对这个超级大陆的结论是什么？有什么证据支持他的结论？
DOK 2

13 据图回答问题。

为什么美国的加利福尼亚州地区比其他地区更容易发生地震？
DOK 3

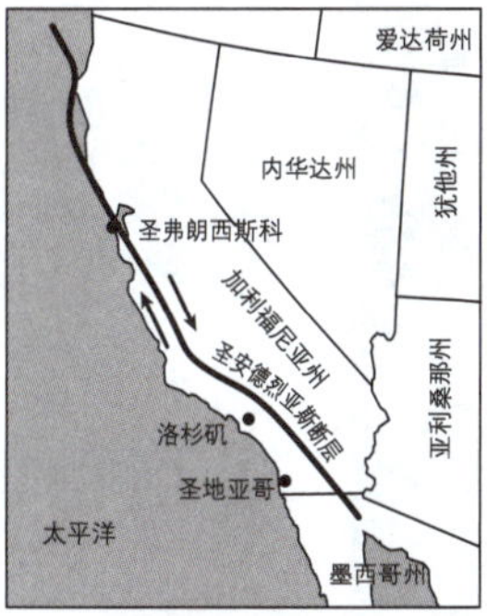

检　查

题号	回顾	题号	回顾
1	24 ~ 25	8	71
2	48 ~ 49	9	75
3	30	10	61
4	40	11	68 ~ 71, 73 ~ 74
5	47	12	36 ~ 37
6	68	13	56 ~ 57
7	60		

第2章

保护地球资源

大概念 什么是地球资源？

基本问题

第1课

岩石和矿物有哪些性质？

第2课

土壤是由哪些物质组成的以及我们应该怎样保护土壤？

第3课

人们可以利用哪些资源？

第4课

清洁的空气和水对生物来说有多重要？

大概念 核心词汇

矿物 地壳里的一种固体物质，具有特定的组成成分。

土壤 由岩石碎屑和生物残骸等组成的混合物。

化石燃料 一种由埋藏在地下或海洋下的古生物经长时间的化学变化后形成的燃料。

不可再生资源 不能在短时间内生成，消耗速度快于生成速度的资源。

可再生资源 可在短时间内自然生成的资源。

替代能源 可以代替当前广泛使用的化石燃料的其他能源。

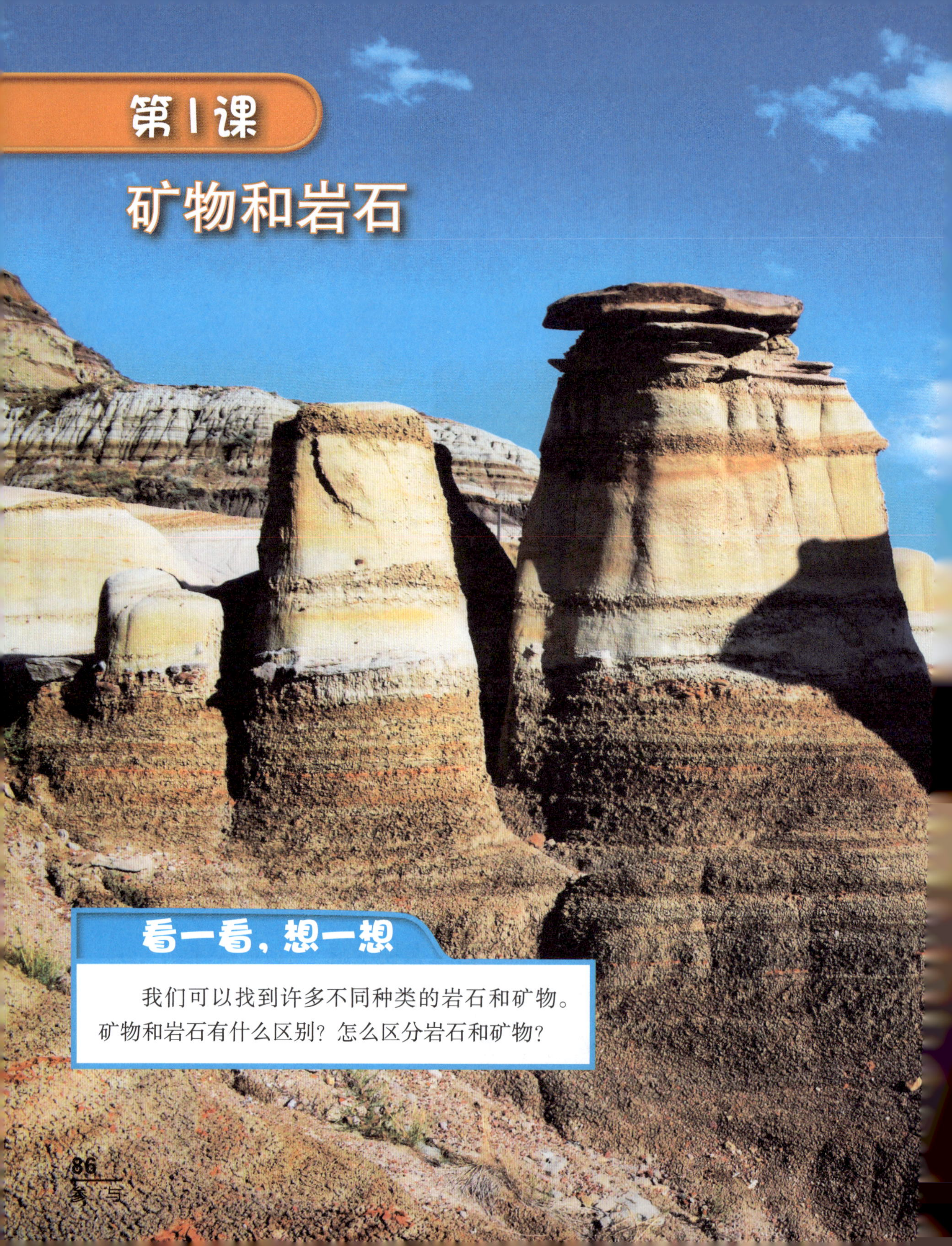

第1课

矿物和岩石

看一看，想一想

我们可以找到许多不同种类的岩石和矿物。矿物和岩石有什么区别？怎么区分岩石和矿物？

探究活动

矿物有哪些性质？

实验目的

观察矿物的性质。

实验过程

1. 用透明胶带和记号笔给每种矿物标上不同的样品编号。
2. 制作如下图所示的图表。

样品编号	矿物名称	颜色	光泽（有/无）	条纹	划痕	其他
1						
2						

3. 在表格中记录样品的颜色和光泽。
4. **观察** 将矿物在瓷砖上摩擦，记录下它们所留下的划痕颜色。
5. **观察** ⚠小心！拿着矿物在铜币和钢锉上划，记录矿物是否能划伤铜币或钢锉。

得出结论

6. **推理** 检查你的数据。你能分别说出不同矿物的性质吗？
7. 矿物的特性对矿物的分类有什么帮助？

进一步探究

查找资料，判断矿物标本分别属于哪种矿物，做好记录并在班级里展示它们。

材料

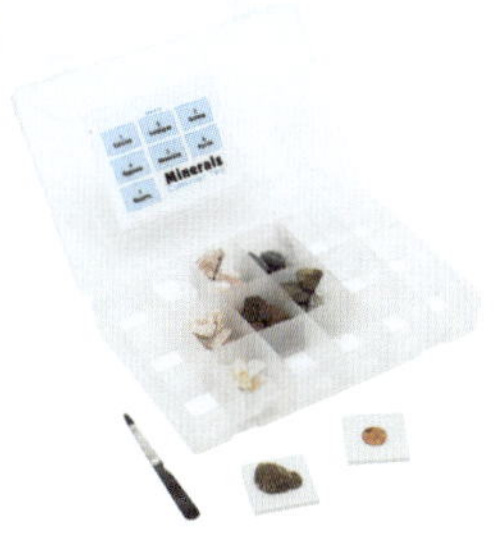

- 透明胶带
- 马克笔
- 矿物标本
- 瓷砖
- 铜币
- 钢锉

读一读，学一学

基本问题

岩石和矿物有哪些性质？

词汇

矿物

光泽

硬度

沉积岩

火成岩

变质岩

岩石循环

阅读技能

排序

首先 → 其次 → 最后

什么是矿产资源？

如果你有收集岩石习惯，你可能会见过一些岩石上有红色或黄色的斑点，这些红色或黄色的斑点就是矿物。**矿物（mineral）**是一种固态的天然物质，由地壳中的非生物物质构成。

矿物是由元素组成的。元素不能再被分解。金是一种元素，铝、氧、氢和铁也是。有些矿物是由单一元素组成的，有些矿物则由两种或两种以上的元素组成。

自然界中各处都有矿物的身影。例如，铁矿石中存在铁。钢是由铁和碳组成的，因为钢是人造的，自然界中不存在，所以它不是矿物。

矿物的性质

矿物的颜色是指矿物表面的颜色。**条痕**指矿物在粗糙表面摩擦后留下的粉末的颜色。矿物的颜色和条痕的颜色通常是不一样的。

光泽（luster）是指矿物表面反射光的能力。光泽一般有两种：金属光泽和非金属光泽。具有金属光泽的矿物看起来闪耀夺目，而具有非金属光泽的矿物看起来则暗淡无光。非金属光泽包括蜡状光泽、珍珠光泽、土状光泽、油脂光泽、丝绢光泽等。

黄铁矿也称为愚人金，有黄色、闪亮的金属光泽和绿黑色条痕。

莫氏硬度表

硬度	矿物	可以被什么物质划伤
1	滑石	
2	石膏	指甲
3	方解石	铜（币）
4	萤石	
5	磷灰石	钢（刀片）
6	长石	瓷（条痕板）
7	石英	
8	黄晶	
9	刚玉	
10	金刚石	

读图

哪种矿物会被铜划伤但不会被指甲划伤？

线索 在图表中找到铜和指甲对应的物质。

这块石英有不规则的断面。

这块方解石的断裂面上可以看出三个方向的解理。

硬度（hardness）是一种衡量矿物抗刻划能力的指标。硬的矿物比软的矿物更抗划。在莫氏硬度表中，用数字 1 ～ 10 代表矿物的硬度，1 表示最软，10 表示最硬。硬度值较高的矿物可以在硬度值较低的矿物上留下划痕，所以我们可以用未知硬度的物质在已知硬度的矿物上刻划，通过这种方法来知道它的硬度。

矿物破裂时，我们可以通过观察它裂开的平面来判断矿物的性质。如果裂开的平面光滑，我们称这种性质为**解理**。解理是通过矿物的断裂面数来描述的。**断裂**则是指矿物的断裂面不平整或粗糙时所表现出来的性质。

快速检测

排序 将长石、石膏和石英按由软到硬进行排序。

批判性思维 对于一种未知的矿物，在不损坏它的情况下，你能通过哪些矿物性质来识别它？

真相 **玻璃的硬度约为5.5，它可被较硬的材料划伤。**

矿物有哪些形状?

矿物在形成时，会按照一定的模式进行组合，最后形成的具有几何结构的一类物质称为**晶体**。晶体一般具有特定的形状。

不同的矿物有不同的晶体形状。有时，一些体积较大的矿物表现出了与晶体结构相同的形状。如果用放大镜观察食盐晶体，你会发现食盐晶体看起来像一个个小立方体。一些其他矿物的晶体结构要小得多，只有在显微镜下才能看到。

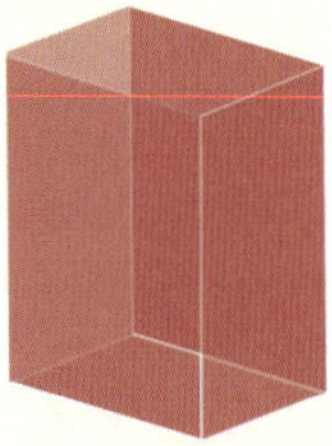

黄晶是一种具有正交晶结构的矿物。

云母是一种具有单斜晶结构的矿物。

紫水晶是一种具有六边形结构的矿物。

翡翠是天然存在于某些岩石中的矿物。翡翠经过切割和抛光后，可以做成珠宝。

有些矿物也被称为宝石，比如翡翠。**宝石**是一种稀有的、美丽的，通常也是透明的、能在阳光下闪闪发光的矿物，它们的原始形态通常是凹凸不平的。宝石通过加工，可以更好地展现出本身的颜色。经过切割和抛光，宝石可以用于制作珠宝首饰。

纯净的矿物比未经加工的矿石更有价值。例如，铜矿石中一般还含有其他物质，人们通过将矿石磨成粉末，用化学物质冲洗，然后加热等过程，把铜从矿石中分离出来。

经加工处理后，铜的纯度可达到98% ~ 99%。在一些需要镀铜的地方，比如镀铜币或铜器时，这个纯度就已经足够了。但对于一些其他用途，比如用于生产电子线路中的铜线时，则还需要进一步提纯。

迷你实验

晶体的形状

⚠小心！ 戴上护目镜。在需要拿着或移动杯子时，请戴上隔热手套。不要用手直接接触热水。

1. 用一个塑料勺慢慢地向一杯热水中加入少量的糖。继续加入糖并持续搅拌，直到你能看到水里出现糖为止。
2. 把一根15厘米长的绳子一端系在一颗方糖上，另一端系在铅笔上。把铅笔架在杯子上，使得方糖最后能够挂在糖水里，但不会碰到杯边或杯底。
3. **观察** 连续几天观察杯子中的情况。
4. **交流** 描述你观察到的实验现象。

快速检测

排序 把铜从铜矿中分离出来要经过哪些步骤？

批判性思维 哪种形状重复组合，可以组成一个立方体？

什么是岩石循环?

地球上没有什么是一成不变的。地球上的大气、水、土壤和生物都会随着时间的变化而变化，岩石也是如此。***岩石***是地壳中的一种天然固态物质，由一种或多种矿物组成。岩石可能像一粒沙子那么小，也可能比一所房子还要大。地表下的岩层有几十，甚至上百千米厚。

大多数岩石都是由不同物质混合而成的。岩石的形成方式不同，它所含有的混合物也不同。科学家根据岩石的形成方式将其分为三类，分别是沉积岩、火成岩和变质岩。

我们已经学过，地球表面的风化、侵蚀和沉积作用导致尘埃、沙子和土壤等沉积物慢慢地堆积成层。随着沉积物一层一层的沉积，上层沉积物会压实或者挤压下层沉积物。在这种压力下，时间一长，沉积物会粘结在一起，形成岩石。这种由沉积物形成的岩石叫作**沉积岩**（sedimentary rock）。

沉积岩被挤压到地壳深处时，在热量和压力的作用下它们会熔化成岩浆，岩浆可以通过火山喷发带到地表。这种由岩浆冷却变硬后形成的岩石叫作**火成岩**（igneous rock）。

随着时间的推移，沉积岩和火成岩可能会被埋到地表之下。在那里，它们承受着来自上方岩石的压力，温度也比地表高得多。变质岩通常形成于地下不深于 20 千米，温度在 200℃～800℃的地方。**变质岩**（metamorphic rock）是沉积岩和火成岩在高温高压，但还没有熔化的情况下所形成的一种岩石。

三种岩石可以相互转化。沉积岩可以变成火成岩或变质岩。火成岩可以变成沉积岩或变质岩。变质岩也可以变成沉积岩或火成岩。

从一种岩石转化为另一种岩石，是由地表或地下条件的变化所导致的。这种岩石随时间从一种类型到另一种类型的变化称为**岩石循环**（rock cycle）。

快速检测

排序　火成岩变成沉积岩要经历哪些过程?

批判性思维　为什么说岩石可以循环?

岩石循环

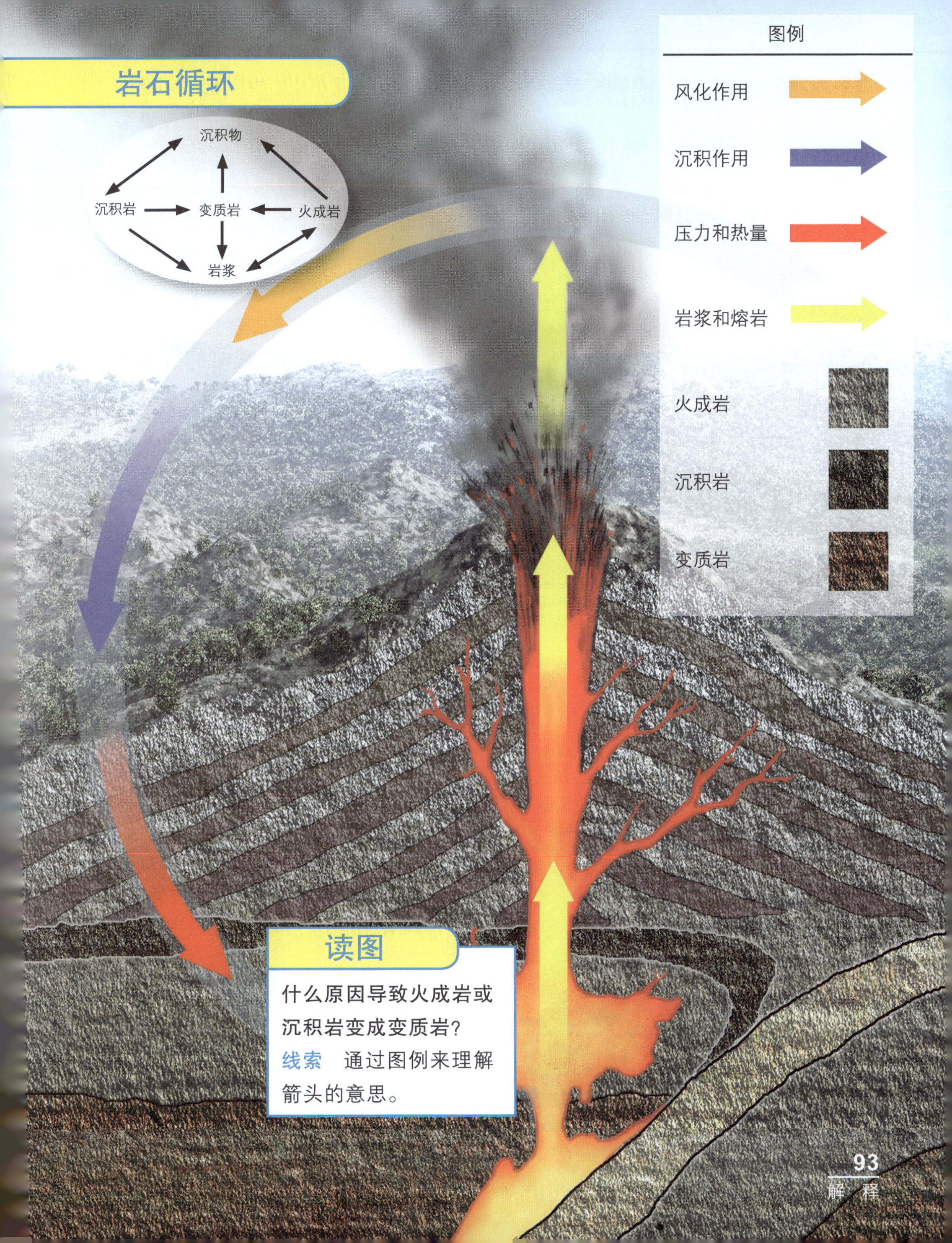

读图

什么原因导致火成岩或沉积岩变成变质岩？

线索　通过图例来理解箭头的意思。

什么是火成岩和沉积岩?

至少在 5 万年前，人们就开始用岩石制造武器和生火。这些岩石是怎样形成的？岩石还有哪些其他用途？

火成岩

地下深处的岩浆形成的火成岩叫作**侵入岩**。侵入岩在地下的冷凝速度非常慢，它可能需要上百年，甚至更长的时间才能冷却几度，这个过程中，常常伴生大颗的晶体。如果你发现一块火成岩中含有大颗晶体，那么就可以基本断定这块岩石属于侵入岩。

花岗岩是一种常见的侵入岩，它常被用作建筑材料。一些可以用来制作成珠宝首饰的矿物，如红宝石等，就可能形成于侵入岩中。

喷出地表的熔岩形成的火成岩叫作**喷出岩**。在地球表面，因为熔岩暴露在空气或水中，所以它会迅速冷凝。熔岩流入海洋时，几分钟内就会冷却；熔岩在陆地上流动时，几天内也会冷却。因为冷却时间短，所以岩石中无法形成大颗的晶体。这些岩石中晶体颗粒都非常小，用肉眼很难观察到。玄武岩就是一种非常典型的喷出岩，它含有很多非常细小的晶体。

有些喷出岩的形成时间非常短暂，岩石中甚至不含任何晶体。黑曜石，也称火山玻璃，就是其中一种不含晶体的喷出岩。它的表面光滑，具有玻璃光泽。很久以前，人们就用黑曜石来制造锋利的工具和武器。流纹岩也是一种典型的喷出岩。

浮石是另一种类型的喷出岩。浮石形成时，岩石中还在冒泡，留下的气孔使浮石变得又轻又粗糙。由于浮石比较粗糙，常用作研磨或抛光。

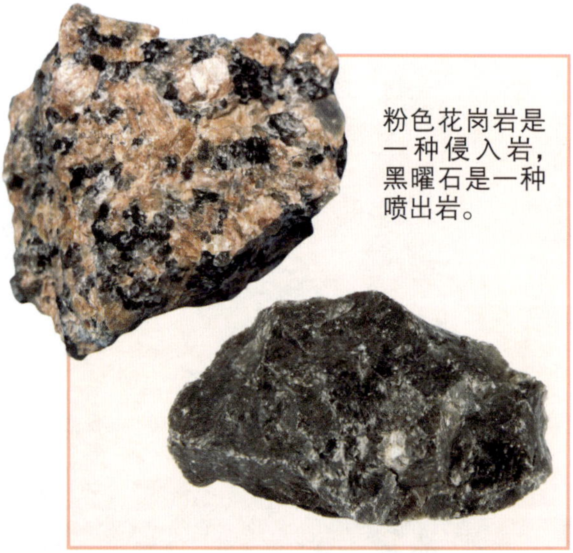

粉色花岗岩是一种侵入岩，黑曜石是一种喷出岩。

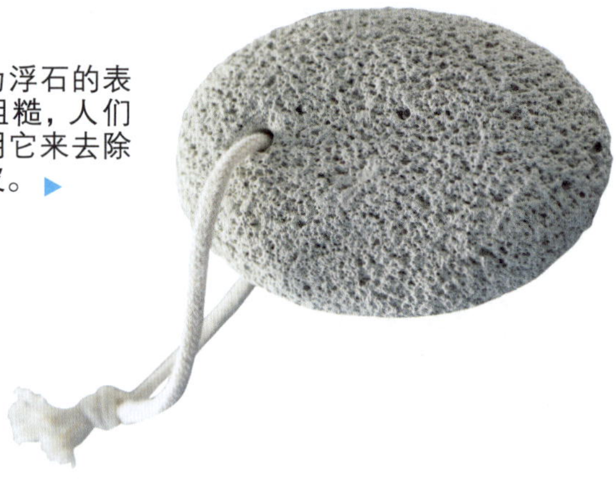

因为浮石的表面粗糙，人们会用它来去除死皮。▶

沉积岩

沉积岩是一种由不同物质压实和粘结在一起形成的岩石。有些沉积岩中还含有曾溶于水的矿物。这些矿物形成了沉积物中的晶体，晶体聚合在一起，形成了岩石。

有些沉积岩是由小块岩石粘结而成的，这种岩石称为***砾岩***。

建筑中经常使用沉积岩。石灰岩和砂岩是常用于建筑物外墙的两种沉积岩，它们也被用来制作雕像和其他装饰品。石灰岩粉末则是混凝土里的一种重要成分。

这是一块典型的砾岩。

快速检测

排序 解释侵入岩和喷出岩是怎么形成的。

批判性思维 假设你正开车行驶在一条高速公路上，这条高速公路穿过的隧道上方是一层层的岩石。这些岩石属于哪种类型？

纽约州布法罗市政厅的外墙是砂岩和石灰岩。

什么是变质岩?

在高温和高压条件下，沉积岩和火成岩内部的晶体形状或大小都可能发生变化，晶体的位置也可能发生改变。高温和高压甚至可能使岩石中的一种矿物变成另一种矿物。高压还会将原始岩石中的颗粒挤压得更紧密。

如果仔细观察石灰岩，我们经常能在其中看到化石碎片。在高温和高压条件下，石灰岩会变成大理石。在这个过程中，化石常常会被压碎。大理石是一种比石灰岩更致密的岩石，大理石中的晶体像拼图一样被紧密结合在一起。大理石的颜色则取决于原来石灰岩中的矿物。

板岩是一种变质岩。板岩中的矿物紧密结合，岩石的透水性很弱。当板岩破碎时，就表现出了解理性质。这使得板岩石材既可用于建造屋顶，也可用于建造台阶和室外地砖。

大理石是一种有光泽的变质岩。大理石中含有的矿物使其表现出了丰富的颜色。大理石很容易雕刻或塑形，正是因为这些原因，大理石常应用于制作雕像、地砖、厨房台面和纪念碑等。

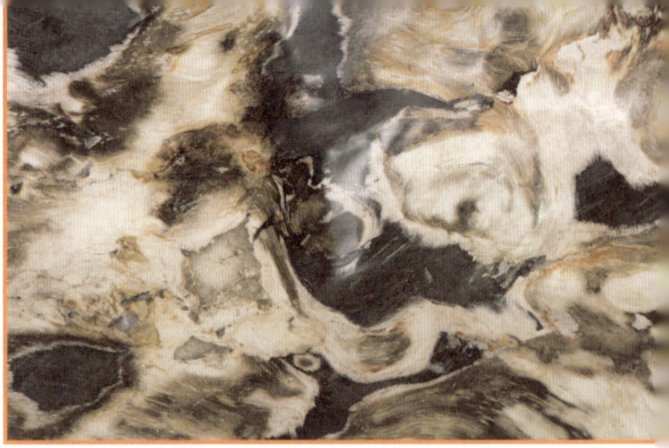

▲ 这块大理石的颜色是由变质前的石灰岩中的矿物杂质决定的。

印度的泰姬陵是用白色大理石建成的。

快速检测

排序　石灰岩变成大理石的过程中，石灰岩中的化石是怎么变化的?

批判性思维　请描述一下你家周围哪些地方用到了岩石。

课后回顾

摘要

	不同的矿物可以根据其不同的性质来判别。
	岩石可分为火成岩、沉积岩和变质岩三大类。
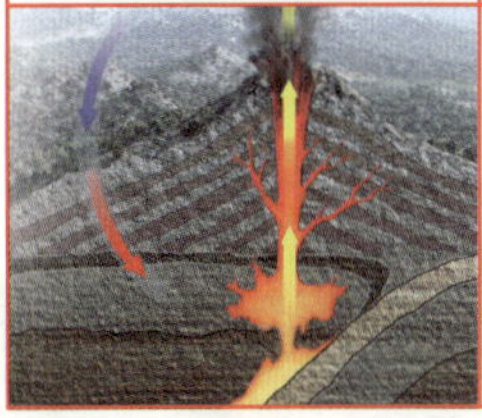	在岩石循环的过程中，一种岩石会变成另一种岩石。

制作 **折叠式学习卡**

如图所示，制作一个折叠式学习卡，并根据图中标题总结你本课所学到的相关知识。

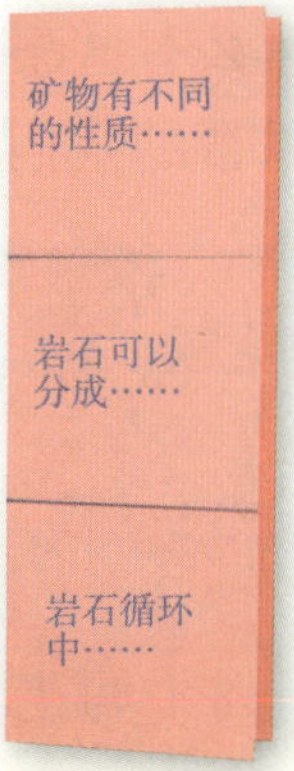

想一想，说一说，写一写

1. **词汇** 当矿物在粗糙的表面刻划时，留下的粉末痕迹称为________。
2. **排序** 将黄晶、滑石、方解石按莫氏硬度表从硬到软依次排列。

首先
↓
其次
↓
最后

3. **批判性思维** 岩石循环的哪些步骤需要热量？
4. **测试** 喷出岩是由哪种物质形成的？
   A 地下的岩浆　　B 地表的熔岩
   C 矿物　　D 沉积物
5. **测试** 矿物的哪一种性质指它能破裂成光滑的表面？
   A 硬度　　B 颜色
   C 解理　　D 断裂
6. **基本问题** 岩石和矿物有哪些性质？

数学链接

岩层

假设一座山有50层沉积岩，每层沉积岩约30米高，那么这座山有多高？

艺术连接

艺术作品中的岩石

选择一个雕塑，调查它是由哪种岩石制成的，并解释一下为什么会选择这种石材来制作。

聚焦技能

探究技巧：分类

我们已经学过，岩石是由一种或多种矿物形成的天然固体物质。因为所含的矿物不同，岩石具有各种不同的性质。地球上有数十亿种不同的岩石，科学家根据它们的形成方式进行分类，将所有岩石分成了三类。为了探究岩石是怎么形成的，科学家会观察它们的性质，包括颜色、质量、质地以及岩石在水中是浮还是沉等。

▶ 学习

分类时，要将性质相同的对象分为一组。你需要比对和对比这些对象，找出它们共同的性质。记住，比对是找出事物的相似点，对比是找事物的不同点。

分类是整理和分析事物的有效手段。它可以帮助我们理解为什么有些事物可以归为一组，为什么有些事物属于不同的组。做笔记也很重要。笔记可以帮助我们找到对事物进行分类的依据。

▶ 尝试

实验材料 8 块不同的岩石，水，小碗。

1. 制作一张如下页所示的表格。在第一列中写上你觉得可以用来给岩石分类的性质。
2. 仔细观察第一块岩石。
3. **分类** 根据表格中所列的性质，在对应的框中标记“√”。
4. 将碗装满水，然后将岩石放入碗中，看看岩石能否漂浮在水面上。
5. 换一块岩石，重复步骤 2 ～ 4。

根据性质将岩石分类

	#1	#2	#3	#4	#5	#6	#7	#8
颜色：深色								
颜色：浅色								
多种颜色								
重								
轻								
粗糙的								
光滑的								
尖锐的								
有孔的								
有层状结构								
漂浮								
下沉								

▶ 应用

通过上述实验，你应该掌握了根据岩石性质对其进行分类的办法。在地面和建筑物中寻找一些岩石，然后制作一张表格，列出你看到的所有岩石。整理出这些岩石中可以用来分类的性质，并添加到表格中。最后，说一说哪些岩石具有相似的性质，哪些岩石可以归为一类。

1. **分类** 有哪几块岩石是光滑的？
2. **分类** 有哪几块岩石是有层状结构的？
3. 大部分岩石都具有的性质是什么？
4. 确定每一块岩石到底是火成岩、沉积岩还是变质岩。

第2课

土　壤

看一看，想一想

这些植物在这里可以长得很好，但换个地方种植可能就活不了。土壤中有哪些帮助植物生长的物质？

探究活动

土壤里有什么？

实验目的

探究土壤样本的组成成分。

实验步骤

1. **观察** 用牙签细细分离土壤样本，再用放大镜观察其成分。
2. 识别并列出土壤样本中的不同物质。

得出结论

3. **分类** 土壤样本中是否含有非生物？这里面有曾经是生物的物质吗？
4. 根据你的观察，土壤有哪些组成成分？

进一步探究

收集并仔细观察你家附近不同地方的土壤。这些土壤与本次活动中研究的土壤相比，组成成分有差异吗？这些土壤样本有没有改变你之前关于土壤成分的认识？

材料

- 牙签
- 放大镜
- 土壤样本

步骤 1

读一读，学一学

基本问题

土壤是由哪些物质组成的以及我们应该怎样保护土壤？

词汇

土壤　土层

腐殖质　表土层

污染　保护

阅读技能

总结

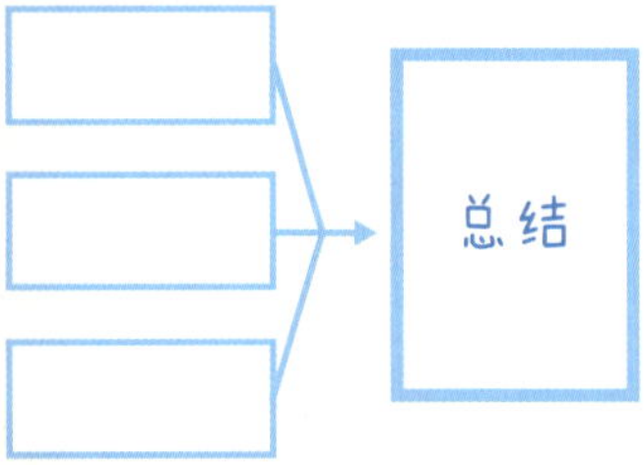

什么是土壤？

如果对同一块岩石进行持续多年的观察，你就会发现，随着时间的推移，岩石风化了。微生物会在岩石碎屑中生长，有些微生物会把岩石分解成一些能为植物提供营养的物质。

随着岩石的风化，这里会长出青草，随后是灌木丛和树木。一些动物会来吃这里的植物，一些肉食动物会来吃这里的草食动物。当动物和植物死亡后，它们的残骸最终转化成了土壤中的有机营养物质。“有机”的意思是与生物有关或来自生物。

土壤（soil）是岩石碎屑和动植物残骸等组成的混合物。土壤覆盖了地球陆地表面的大部分地区。如果没有土壤，植物和动物就无法在陆地上生活。

土壤遍及热带雨林、草原和荒漠等地，这些地方的土壤看起来各不相同，不过它们都始于岩石。随着岩石的风化，土壤开始一层一层地形成了。如果你在地上挖一个坑，在往深处挖的过程中，就能看到土壤的分层结构。

土壤是由非生物和生物体残骸组成的。

土层

土壤的每一层称为**土层（soil horizon）**。在某些地方，土壤的土层看起来跟本页图中展示的差不多。

A 层含有最多的营养物质，包含腐殖质。**腐殖质（humus）**是土壤中已经腐殖化的有机物所组成的部分。这些物质通常是一些被微生物分解的动植物残骸。腐殖质含有植物所需的营养物质，同时它也比岩石碎屑更容易吸收并保持水分。

这一层叫作**表土层（topsoil）**，大多数植物的根都长在这里。根系从腐殖质中吸收养分和水分。

B 层称为***底土层***或***心土层***，这里腐殖质较少，且含有很多细小的岩石颗粒，比如组成黏土的颗粒。

再往下是 C 层，它主要由大块的风化岩石组成。这个土层位于坚实的、未风化的基岩上。

不同地区的土层深度不同，有些地区可能缺失其中某层。

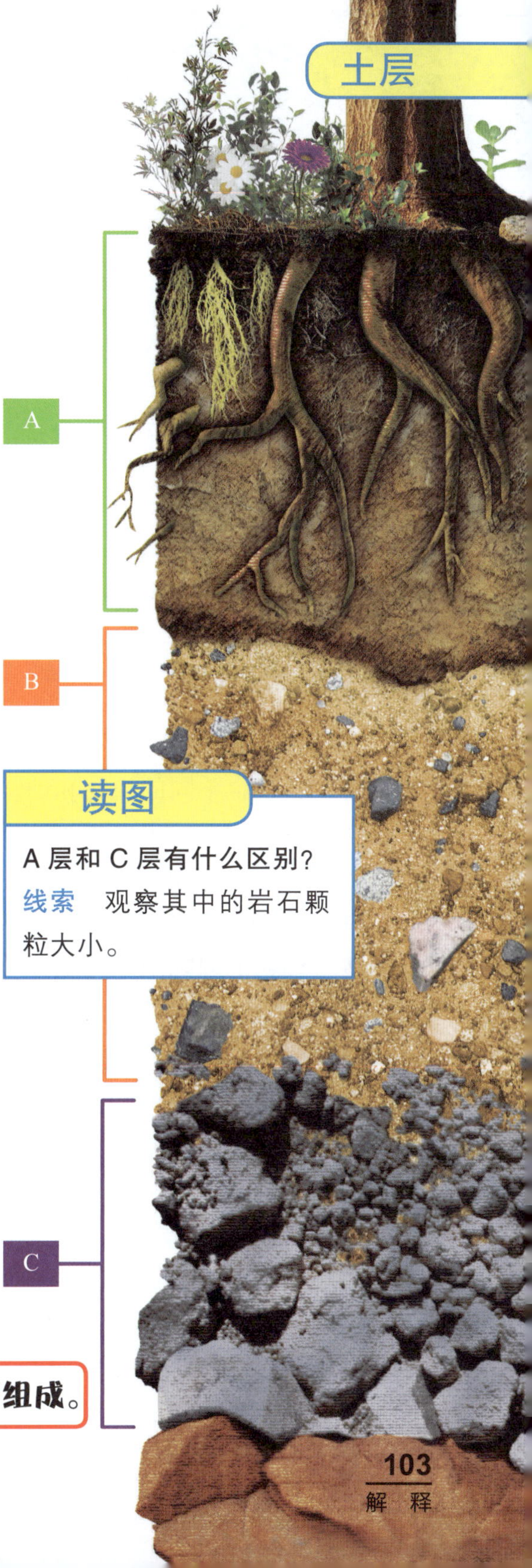

读图

A 层和 C 层有什么区别？

线索 观察其中的岩石颗粒大小。

快速检测

总结 土壤形成的主要过程有哪些？

批判性思维 侵蚀作用是怎么改变土层的？植物在土壤中怎样生存？

真相 土壤由非生物和生物体残骸等组成。

美国的土壤类型

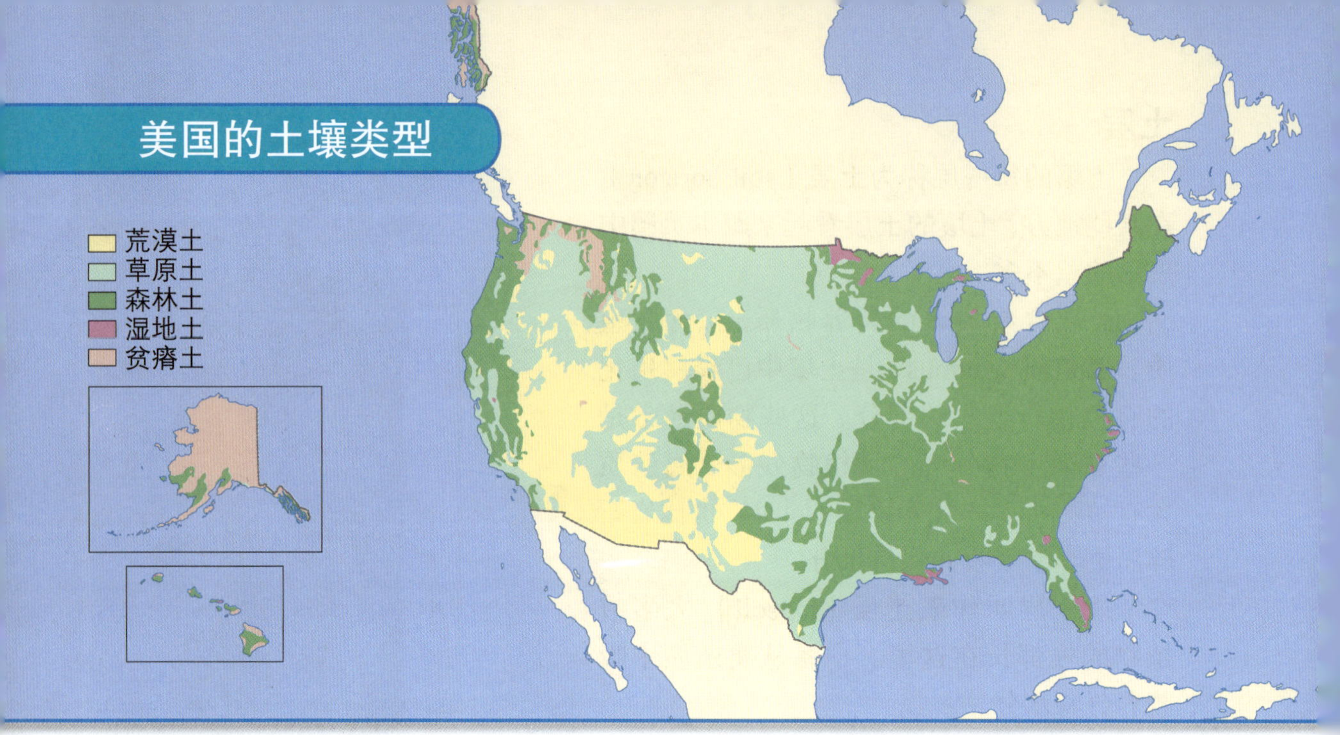

怎样利用土壤？

不同地区的土壤有不同的性质。不同的土壤适合不同的植物和动物生长。美国的土壤主要可以分为三类：森林土、荒漠土、草原土。

森林里的土壤表土层很薄，腐殖质含量少。频繁的强降雨导致矿物质下渗到地下深处，以至于浅根系植物根本无法吸收这些养分。大多数农作物通常都是浅根系植物，所以在这种土壤里长势并不好。美国的森林土主要分布在东部，约占美国国土总面积的三分之一。

荒漠土含沙量多，也没有多少腐殖质。由于荒漠地区很少下雨，那里的植物有特殊的适应性。然而，正是因为没有雨水的冲刷，荒漠土中富含矿物质。有的荒漠地区可以放牧，但荒漠地区如果想种植作物，就必须在人工灌溉的条件下才行。

美国的草原土主要分布在落基山脉和东部森林带之间。在得克萨斯州到北达科他州这一片土地上，生长着玉米、小麦和黑麦等农作物。这里的土壤富含腐殖质，能为作物提供充足的养分。腐殖质的蓄水能力良好，因此矿物质不会被冲刷到地下深处。这片土地上水草丰美，动物也有丰富的食物。

土壤是一种会被耗尽、浪费或遭受破坏的资源。土壤也会被流水和风侵蚀。植物的根有固定土壤的作用。如果没有植物，那么土壤会遭到更严重的侵蚀，这样一来可能会改变某个地区的植物类型，甚至可能导致这个地区寸草不生。

土壤中的养分被植物自然而然地吸收。植物利用这些营养物质来生长发育。当植物死亡后，会落到地上并腐烂，植物中的营养物质又会被分解，重新回到土壤中。但是，如果农民收走了田里的整棵作物，会发生什么情况？这会导致这片土地上没有新的植物残体可以腐烂和分解，土壤中的营养物质越来越少，土壤生产力越来越弱，也越来越不适合新作物的生长。

污染（pollution）是指在土壤、空气或水中混入了有害物质。土壤会被化学物质污染，也会被杀虫剂和除草剂污染。如果人们把垃圾随意倒在地上，垃圾也会污染土壤。

快速检测

总结 哪种土壤最适合耕种？

批判性思维 有什么办法可以在不使用污染土壤的杀虫剂的情况下控制害虫？

迷你实验

土壤蓄水实验

1. 倒一些表土和沙子到盆里，配制一种你认为有较强蓄水能力的土壤混合物。
2. ⚠小心！用笔尖在三个杯子底部扎出相同数量的小孔。
3. 在第一个杯子里装满表土，第二个杯子里装满沙子，第三个杯子里装满两者的混合物。

4. **实验** 手持装有表土的杯子，置于一个大量杯之上，并倒入100毫升水。让水渗过杯子里的表土流出，5分钟后停止。
5. 测量大量杯里接的水量，然后把水倒空。
6. 换成装有沙子和混合物的两个杯子，重复步骤4和5。
7. 计算每种土壤吸收的水量。
8. **解释数据** 哪种土壤蓄水能力最好？

农民使用化学药品来杀虫，但这些化学物质会污染种植庄稼的土壤。

如何保护土壤?

维护或保存包括土壤在内的自然资源的过程，称为**保护（conservation）**。下面是一些保护土壤的方法。

施肥 化肥中含有一种或多种营养成分。在土壤中施肥，可以补充因为作物生长而消耗的部分养分。

轮作 农民在同一块田地上，有顺序地在不同时间轮换种植不同的作物。不同作物从土壤中吸收各种养分的数量和比例各不相同，有些作物可以固定或补充其他作物吸收的养分，农民会选择这些作物轮流种植。。

带状种植 植物的根有助于固定土壤，防止其被冲走或吹走。利用这个特点，农民会在不同的作物带之间种草。

等高耕作 雨水沿山坡迅速流下时，会带走肥沃的表土。农民可以通过等高耕作来减缓水流下山的速度，还可以沿着等高方向耕犁、栽种。

梯田 梯田是山坡上的阶梯状田地。作物一阶一阶的沿梯田耕种。梯田也能减缓雨水沿斜坡下流的速度。

防风林 农民会在农场边缘种植高大的树木，以此来减缓吹到该地的风速。种植树木能有效减缓风速，保护耕作区的表土。

法律 政府通过法律来制止土壤污染的行为。

个人努力 你可以通过不乱扔垃圾来减少土壤污染，还可以帮助清理遭受污染的土地。

教育 你也可以向公众宣传土壤的价值，以及保护土壤的方法。

土壤保护

快速检测

总结 有哪些保护土壤的方法?

批判性思维 为什么山顶几乎没有表土?

读图

照片中的方法对保护土壤有何作用?

线索 寻找图片中农田的特点。

课后回顾

摘要

土壤是由岩石碎屑和生物体残骸等混合而成的。

土壤滋养了植物和动物，但它会遭受污染。

我们可以采取很多措施来保护土壤。

制作 折叠式学习卡

如图所示，制作一个折叠式学习卡，并根据图中标题总结你本课所学的相关知识。

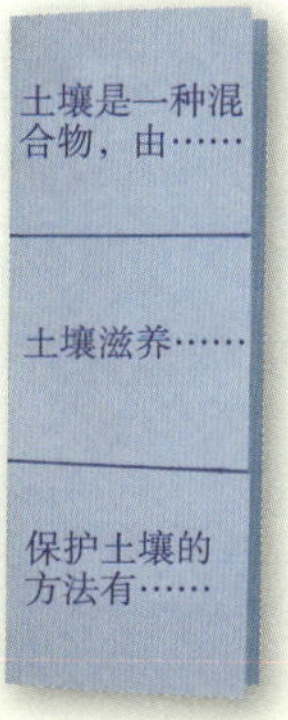

想一想，说一说，写一写

1. **词汇** 土壤中由腐烂的有机物组成的部分叫作______________。

2. **总结** 请描述一些可以防止流水侵蚀土壤的方法。

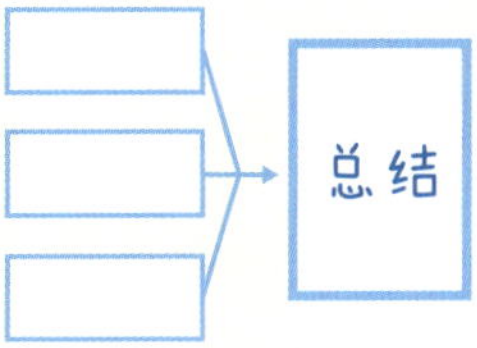

3. **批判性思维** 对比和比对森林土和荒漠土。

4. **测试** 土壤的 C 层主要由下列哪种物质组成？

   A 黏土　　B 腐殖质

   C 基岩　　D 大块的岩石

5. **测试** 什么叫作带状种植？

   A 在土壤中施肥

   B 在山坡上开垦台阶状的田地

   C 在作物行间种草

   D 在农场周围植树

6. **基本问题** 土壤是由哪些物质组成的以及我们应该怎样保护土壤？

写作链接

保护土壤

制作一张海报或传单，向你的邻居宣传土壤保护。解释为什么你所在地区的土壤应该得到保护，并提出一些人们力所能及的保护方法。

社会链接

黑色风暴

查找资料，研究一下 20 世纪 30 年代的美国黑色风暴事件。写一篇文章来描述它发生的原因，以及对美国人民造成的影响。

科学探究

材　料

2 个盘子

盆栽土

尺子

沙子

草籽

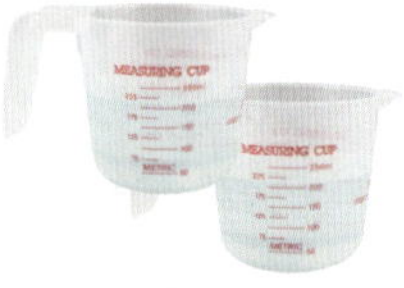

2 个装水的量杯

结构化探究

哪种土壤更适合植物生长?

做出假设

不同种类的土壤由不同的物质组成。沙子由细小颗粒的砂砾组成。盆栽土是含有很多枯枝烂叶的土壤。与沙子相比，草籽在盆栽土中的生长速度会不会更快？把你的假设以“如果草籽分别种在盆栽土和沙子里，那么……”的形式写下来。

验证假设

1. 在其中一个盘中填满 3 厘米左右深度的盆栽土。另一个盘中填满同样深度的沙子。
2. 把草籽均匀地撒在两个盘子中。
3. 把盘子放在阳光下。
4. 每隔一天，在两个盘子里倒入等量的水。
5. **观察**　三天后盘子内有什么变化？一个星期后呢？

得出结论

6. 为什么要确保两个盘子得到相同的光照和水分？
7. **推理**　盆栽土和沙子之间的哪些差异可能会影响植物的生长？

指导性探究

污染对植物有什么影响?

做出假设

通过上述实验，我们已经知道了植物在哪种类型的土壤中生长得更快。那么如果是受过污染的土壤呢？把你的假设以“如果草籽分别种在未受污染的土壤里和被污染的土壤里，那么……”的形式写下来。

验证假设

根据上述假设，设计一个实验来探究植物在两种土壤中的生长速度。写下你需要的实验材料和步骤，并记录实验过程中的观察结果。

得出结论

实验结果支持你的假设吗？为什么？把你的结果展示给同学们。

开放式探究

你觉得课文中介绍的那些保护土壤免受流水侵蚀的措施有效性怎样？请仔细思考一个相关的问题，并设计一个实验来回答这个问题。请注意，在实验的过程中每一次只能检验一个变量。同时你还需要在实验过程中记好笔记，这样其他人也可以按照你的设计来重复这个实验。

谨记 要遵守科学探究的步骤。

提出问题

↓

做出假设

↓

验证假设

↓

得出结论

第3课

燃料和能源

看一看，想一想

这些风车能将流动的空气转化为能量，用来移动物体或发电。风车是怎么移动物体的呢？

探究活动

风怎样移动物体？

做出假设

你认为风车被吹动后，最多可以带动多少枚回形针？把你的假设以“风车叶片转动后，最多可以带动……”的形式写下来。

验证假设

1. 用一张8厘米宽、15厘米长的纸条把铅笔裹起来，并请同伴用胶带粘贴好边缘，做成一根管子的形状。把纸管移到铅笔的中间位置。
2. 拿出4张5厘米宽、8厘米长的纸，将5厘米宽的那一边粘贴在纸管的一端，制成风车叶片。将4张纸沿4个方向对称地粘贴在纸管上。
3. 在绳子的一端系一枚回形针，另一端用胶带粘在纸管上。
4. 握住铅笔的两端，不要抓住纸管往风车叶片上吹气。回形针会发生什么情况？
5. **实验** 在绳子上多系几枚回形针，直到你吹动风车叶片时无法再带动回形针为止，请问一共加了多少枚回形针？

得出结论

6. 你吹气的这部分能量是怎样吊起这些回形针的？
7. **推理** 假设用更长的纸张来做风车的叶片，你认为这个装置能吊起的回形针的数量会发生什么变化？

进一步探究

你认为风车叶片的形状会对实验结果造成什么影响？提出一个想要测试的其他风车叶片形状，然后设计一个实验方案并进行测试，看一看你提出来的风车叶片形状是否比上述矩形叶片的实验效果更好。

材料

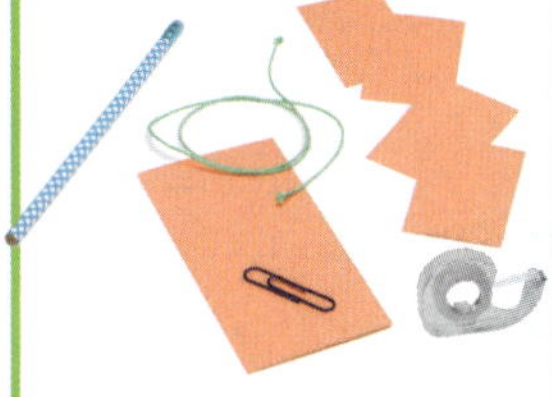

- 一张8厘米宽、15厘米长的纸
- 一支新的铅笔
- 胶带
- 4张5厘米宽、8厘米长的纸
- 回形针
- 绳子

读一读，学一学

基本问题

人们可以利用哪些资源？

词汇

化石

化石燃料

相对年龄

绝对年龄

代

不可再生资源

可再生资源

替代能源

阅读技能

事实和观点

事实	观点

什么是化石？

当一些古生物死亡时，它们的遗体被泥土、沙子或其他沉积物所覆盖。几个世纪以后，这些生物遗骸和周围沉积物一起转化成了岩石。**化石（fossil）**是保存在土壤或岩石中的古生物的遗迹或遗骸。几乎所有化石都是发现于沉积岩中的。

科学家会通过化石来了解更多关于古环境的信息。科学家知道，生活在温暖气候中的现代动物具有某些特征。如果他们在研究一些来自南极洲的化石时，发现这些化石中的动物也有这些特征，那么科学家能得出什么结论呢？他们可以得出这样的结论：现在寒冷的南极洲曾经的气候很温暖。

有时，把现代动物的骨骼与古生物的骨骼化石进行比较，可以发现一些不同的特征。19 世纪 80 年代，科学家发现了一种叫剑齿虎的生物的骨骼化石。剑齿虎是一种大型猫科动物，因其巨大的尖牙而被称为“剑齿虎”。这些尖牙化石比现代狮子和老虎的尖牙还要大。科学家普遍认为剑齿虎用它的尖牙捕猎。但是，他们还不确定剑齿虎是用它的尖牙来抓捕猎物还是撕咬猎物。

将现代老虎的牙齿（左）与剑齿虎骨骼标本（中）、剑齿虎模型（右）进行比较。

化石燃料

与现代植物一样，生活在数百万年前的植物也会利用阳光中的能量来制造养分，最终以糖的形式储存在体内。这些植物死去后，植物残体上又会堆积一层层的沉积物。

在数百万年的时间里，来自上层沉积物的压力把这些植物残体紧紧地压在一起，形成了泥炭。随着时间的推移，泥炭慢慢硬化，变成了一种叫作**烟煤**的沉积岩。后来，随着埋深的增加，烟煤变成了一种叫作**无烟煤**的变质岩。

烟煤和无烟煤都属于化石燃料。**化石燃料（fossil fuel）**是由古生物腐烂而形成的物质，现在能作为一种人类所需的能源资源。

有时，一些腐烂的海洋生物也会被深埋在海底。这些腐烂的物质在热量、压力和细菌等的共同作用下，变成了石油和天然气。石油和天然气也是化石燃料。

经过漫长的时间，地表下的天然气和石油慢慢累积成矿。天然气层常位于石油层之上。今天，世界各地的人们从海底开采石油和天然气。在一些曾经被海洋覆盖的陆地下，也存在石油和天然气资源。

化石燃料的形成过程

沼泽中死去的生物体形成泥炭。

海洋中死去的生物体会沉到海底。

泥炭上覆盖了厚厚的沉积物层。

生物体残骸被埋到沉积物之下。

在压力等作用下，泥炭变成煤。

在压力等作用下，石油和天然气就形成了。

快速检测

事实和观点 *人们喜欢寻找化石。*这是事实还是观点？

批判性思维 为什么不可能在火成岩中发现化石？

化石和化石燃料有多古老?

通过生物化石，我们可以判断两种生物体，哪种更古老，哪种更年轻。一般来说，每一层岩石都比其上一层岩石古老，比其下一层岩石年轻，这一规律叫作**地层层序律**。

如果有两块化石，其中一块化石所在的岩层位于另一块化石所在岩层之上，那么我们可以推断，位于下部岩层的这块化石，它的相对年龄比另一块位于上部岩层的化石更老。**相对年龄（relative age）**是指一块岩石相比与另一块岩石的年龄。

虽然我们已经知道，位于下层的化石相对而言更古老，但我们怎么知道它到底是5万年前，50万年前，还是500万年前形成的呢？**绝对年龄（absolute age）**是指化石的真实年龄。要想知道化石的绝对年龄，我们需要先确定化石所在岩石的绝对年龄。因为化石是与其所在岩石同时形成的，所以化石和岩石的年龄也是相同的。

地层层序律

读图

图中的熔岩和砂岩比起来，哪个岩层更古老？

线索　比较各岩层的位置。

怎么才能知道一块岩石的年龄呢？所有岩石都含有不同的元素，我们已经知道其中一些元素经过一定时间后，会转变为另一种元素。

例如，岩石中原本没有元素B，但随着时间的推移，元素A变成了元素B。如果每经过100万年，会有一半数量的元素A变成元素B，那么100万年之后，岩石中就含有了等量的元素A和元素B。

一个元素的数量减半所需的时间称为该元素的**半衰期**。上述例子中的元素A，它的半衰期就是100万年。科学家会通过比较元素的含量来确定岩石的年龄。

地质年代

前寒武纪	古生代——原始生命的时代					
	寒武纪	奥陶纪	志留纪	泥盆纪	石炭纪	二叠纪

元素 A 的半衰期

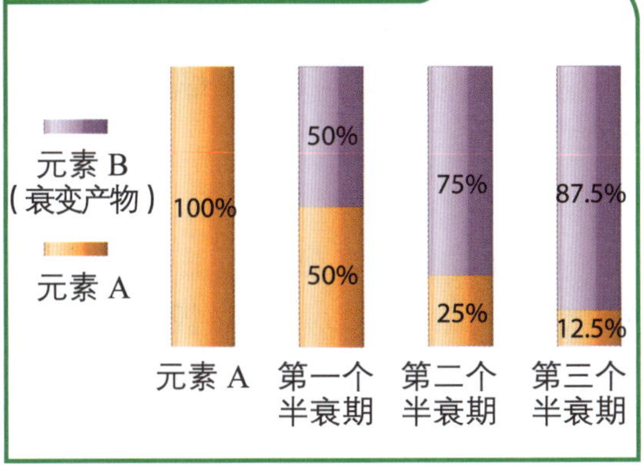

科学家根据化石的相对年龄和绝对年龄，逐步推断出地球大约有 46 亿年的历史。在描述地球的年龄时，科学家使用的单位叫作**代（era）**，这是一个数百万年尺度的时间单位。地质年代中，一个代还可以划分出更小的时间单位。

化石燃料形成于数亿年前的石炭纪。在这段时间里，陆地上遍布着沼泽地，沼泽地里长满了叶子宽大的植物。数百万年后，这些植物被埋藏地下，变成了化石燃料。随着构造板块的运动，这些矿产资源也在移动。正因为板块的运动，煤炭在北欧、亚洲、北美洲的中西部和东部都有分布。

迷你实验

硬币的“半衰期”

1. 数一数你手里的硬币总数。
2. 把所有的硬币正面朝上，放在一个盒子里。
3. **实验** 试着把盖子合上，均匀地摇晃盒子。
4. 打开盒子，把所有反面朝上的硬币取出来，置于一边。
5. 记录盒子里剩下的硬币数。
6. 重复步骤 2～4，直到盒子里只剩下 1 枚硬币或没有硬币。
7. 每次摇完盒子后，会取出多少硬币？
8. 硬币的“半衰期”是多少？

快速检测

事实和观点 *200 万年前的岩层中的化石，年龄也是 200 万年。*这是事实还是观点？

批判性思维 如果地震使岩层发生了位移，你还能说出这些岩层中的化石的相对年龄吗？

中生代——爬行动物的时代

三叠纪　侏罗纪　白垩纪

新生代——哺乳动物的时代

第三纪　第四纪

怎样利用化石燃料？

化石燃料燃烧时，会释放储存在动植物残体内的能量，这些能量最初来自于植物光合作用吸收的太阳能。人们可以把化石燃料中储存的能量转换成另一种形式的能量，也可以用它直接做功。

例如，汽车中的汽油释放的能量，可以用来驱动引擎。燃烧石油释放的能量也可以转化为热能，用来给建筑物供暖。天然气可以用来做饭，也可以用来取暖。

电能是我们每天都会用到的一种能源。电可以用于家庭、学校、办公楼和街道的照明，也可以用于运行各种设备，如时钟、电梯、电视和电脑等。

我们使用的大部分电能是由发电厂生产的。在发电厂里，其他形式的能源驱动发电机运转。随着发电机的运转，电能就产生了，然后通过电线传输到需要用电的地方，比如你的家里。

火力发电厂烧煤发电。

钻机从海底开采石油和天然气。

发电厂通过燃烧煤、石油和天然气等能源来发电。然而，这些能源是不可再生的。**不可再生资源（nonrenewable resource）**是指消耗速度快于生成速度的资源。我们今天使用的石油、天然气和煤，都是经历了几百万年的时间才生成的，但我们用完这些资源可能只需要几百年的时间。

开采的石油和天然气还需要在图示的这种精炼厂提纯。

可再生资源

地球也有可再生资源。**可再生资源（renewable resource）**是指短时间内可以自然生成的生物或非生物资源。风能、水能和太阳能是非生物可再生资源。

生物可再生资源包括鱼类和森林等。我们必须谨慎对待可再生的生物资源。生物种群的死亡速度快于它们的繁殖速度，生物就会灭绝。生物一旦灭绝，就无法再生。

快速检测

事实和观点 *化石燃料是由腐烂的动植物形成的。*这种说法是事实还是观点？请解释原因。

批判性思维 为什么风能、水能和太阳能属于可再生资源？

风、水和太阳怎样提供能量？

地球为我们提供了可用于发电的其他能源，保证我们能做各种活动，能充足地取暖等。除化石燃料外的其他能源都称为**替代能源（alternative energy source）**，包括风能、水能、太阳能等。

阳光可以加热水、空气或其他物质，它也可以转化为电能。风和流水可以用来驱动机器和发电。

风能

风就是流动的空气。风可以吹动附在风车轮轴上的叶片，这些轮轴与发电机相连。

当风车叶片转动时，发电机就会跟着转动，于是就产生了电。美国的加利福尼亚州、夏威夷州和纽约州等都有风力发电厂。其他国家，如丹麦、德国和印度等，也在广泛使用风能。

利用风能不会污染我们呼吸的空气。但是，它只能在几乎每时每刻都有风的地方使用。还有些人担心风车会干扰候鸟迁徙的路线。

水能

小溪和河流的水中蕴藏能量。水车就是利用水的流动所产生的能量来工作的。流水或瀑布驱动连接有转动轴的轮子，转动轴可以连接到许多不同机器上。

替代能源

风车利用风力发电。

水电厂利用水力发电。

一个水磨通常由水轮、轴和两扇又大又圆的石磨组成。轴上连接着磨的上扇，流水冲动水轮，带动轴和磨转动。谷物放进石磨中时，石磨的转动能把谷物研磨成粉。

流水和瀑布都能带动发电机运转。水力发电厂就是指利用水力发电的发电厂。

水力发电厂不会污染空气和水。但是，它们只能建在水不停流动的地方，也会影响生活在水中的动物。

太阳能

来自太阳的能量叫作太阳能。太阳能是一种可再生资源，只要有阳光照耀，太阳能就一直存在。太阳的光能和热能怎样转化成人类可以利用的其他形式的能量呢？

太阳能电板将照射到它们上的太阳能转化为电能。有些计算器上装有太阳能电池，它也能将太阳能转化为电能。太阳能热水器可以为家庭提供热水。

太阳能取之不尽，用之不竭，在任何有光照的地方都能利用，而且绿色、无污染。为了达到最佳效果，太阳能电池一般安装在全年大部分时间都晴朗少云的地区。

快速检测

事实和观点 *只要有太阳，太阳能就一直存在。*这种说法是事实还是观点？

批判性思维 如果化石燃料耗尽了，会对人类产生什么影响？

读图

下列哪一种替代能源利用了水能？

线索 据图寻找。

涡轮机可以捕获海浪中的能量。

太阳能电板可以捕获太阳能。

还有哪些替代能源？

替代能源还包括原子核中的能量、地球内部的热量以及可以用作燃料的动植物等。

核能

某些元素的原子可以变成其他元素的原子。这种变化发生在原子的中心，也就是原子核中。这些变化发生时，会放出大量的热，原子核中蕴含的这种能量叫作**核能**。释放的这些热能可以用来产生蒸汽，蒸汽可以推动发电机的运转。

核能发电通常比燃烧化石燃料发电更便宜。正常情况下，核电站是不会污染空气的。但是，如果发生事故，核电站泄露的放射性物质会污染空气、水和土壤等。

地热能

火山和温泉都是由地球内部产生的热量，即**地热能**所加热的。温泉是地表水下渗到地下，加热后涌出地表的，温度比较高的泉水。温泉的蒸汽可以通过管道输送到发电厂，驱动发电机工作。热水也可以通过管道输送到住宅和建筑物中，为人们供暖。在冰岛，几乎所有的家庭供暖都利用了地热能。

地热能必须从地下开采。地球上只有少数地方能比较轻易地开采这种能源。

◀核电站内部的景象。

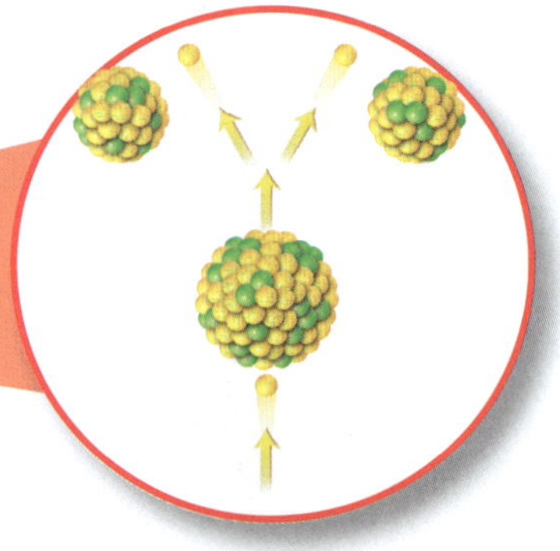

原子核链式反应

地热发电厂为大部分冰岛家庭供暖。

生物质

任何能燃烧释放热量的物质都可以作为能源。但是，像煤、石油和天然气等这些化石燃料是不可再生资源，它们终有一天会消耗殆尽。**生物质**是指所有生物以及这些生物所产生的有机物质。木材、动物粪便和植物体，如掰完玉米后的玉米秸秆，都是生物质。

因为树木和农作物都是可再生资源，树木可以重新生长，农作物可以再次种植，所以生物质不会耗尽。但是，生物质释放的能量没有煤、石油或天然气等化石燃料释放的能量多。如果大量种植树木等作为燃料，还会导致农作物的种植面积减少。

这种生物柴油由 20% 的大豆油和 80% 的柴油混合而成。▼

快速检测

事实和观点 分别陈述一个关于核能的事实和观点。

批判性思维 风能、太阳能、水能和地热能，这些资源各有什么缺点？

我们应该怎样节约能源？

我们每天都要使用能源，有时候甚至一些无意识的行为也会消耗能源。例如，打开一盏灯时，使用的是电能，但其实用到了煤、石油或天然气等化石燃料，因为许多发电厂是通过燃烧这些燃料来发电的。

当你乘坐汽车时，汽车引擎中燃烧的汽油来自石油。当你洗澡时，你会用到天然气或石油，因为许多烧热水的锅炉和热水器都要用到这些自然资源。如果你在家觉得冷，可能会打开取暖设备，取暖设备工作也需要消耗电能或燃烧天然气、石油等。

针对每一种消耗能源的方式，都有方法可以节约能源。我们怎么做才能节约能源？

这座房子是节能型的。

快速检测

事实和观点 请列出一些节约能源的方法。

批判性思维 解释为什么观看电视节目会用到化石燃料。

节约能源的小技巧

离开房间时，随手关灯。

不用热水的时候，关掉水龙头。

不使用电子设备时，关机。

尽量拼车或乘坐公共交通工具出行。

使用节水喷头，缩短淋浴时间。

不在家的时候，关掉取暖或制冷设备。使用隔热门窗，防止热量流失。

课后回顾

摘要

	化石是古生物的遗迹或遗骸，可以用来研究地球的历史。
	化石燃料是由腐烂的古生物形成的，属于不可再生的资源。
	我们应该尽量使用可再生资源，尽量节约不可再生资源。

制作 **折叠式学习卡**

如果所示，做一个折叠式学习卡，并根据图中标题总结你本课所学到的相关知识。

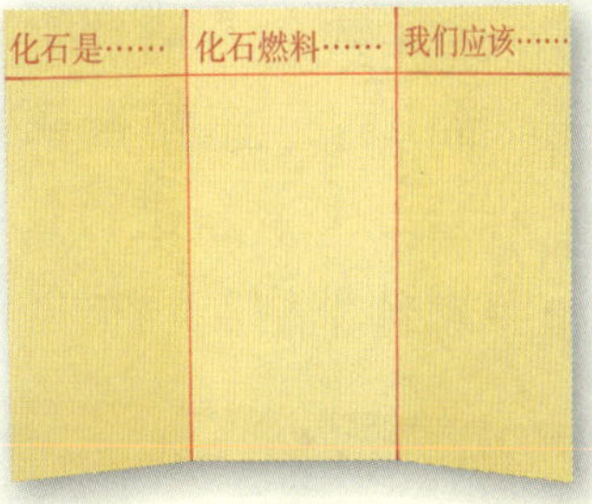

想一想，说一说，写一写

1. **词汇** 冰岛家庭取暖的主要能源是来自地球内部的热量，即__________。
2. **事实和观点** 陈述关于化石燃料供应减少的一个事实和一个观点。

事实	观点

3. **批判性思维** 相对年龄和绝对年龄有什么区别？
4. **测试** 哪一种能源是替代能源？
   A 石油　　B 生物质
   C 天然气　　D 煤
5. **测试** 哪一种不是可再生资源？
   A 植物　　B 太阳能
   C 煤　　D 动物
6. **基本问题** 人们可以利用哪些资源？

数学链接

三明治的“半衰期”

假设三明治的“半衰期”是5分钟，请问15分钟后这个三明治还剩多少？

艺术连接

石炭纪

查找资料，研究石炭纪时期的动植物，然后画一幅它们所处生活环境的示意图。

想成为一名化石猎人吗？

博物馆展出的完整的化石。

如果你想寻找化石，应该去一些地表可能会存在化石的地方。崎岖的山脉、山丘或陡峭的峡谷都是寻找化石的好地方。高出河床的河岸或海边也可能存在化石的身影。

如果你想寻找化石，应该去那些岩石分层的地区，化石就隐藏在沉积岩的岩层中。你在岩石中找到的特殊图案或特殊颜色可能就是远古植物的叶子或远古动物的壳。

你如果发现了化石，请记录下化石所在的位置和该地区的岩石类型。并且别忘了拍一张化石的照片。然后，你要小心地用硬毛刷或小铲子把化石上的泥土或岩石清理干净，还要注意不要损坏化石。回去后，还要查找资料，将化石上的图案和细节与参考资料进行比较，以识别你找到的化石属于哪种生物。

描述性写作

一篇好的描述性文章需要：

- 描述出事物的外观、声音、气味、味道或感觉；
- 为了帮助读者体验到文章所描述的情节和内容，请加入一些生动的细节描写。

科学家发现了一块化石。

写作

描述性写作 描述一块化石被发现的过程。请注意在文章中运用感官词汇和具体的细节描写。

单位换算

单位转换

- 若是想把单位“kmpl”换算成“mpg”，将“kmpl”前的数乘以2.352。
- 若是想把单位“mpg”换算成“kmpl”，将“mpg”前的数乘以0.425。

人们在购买汽车时，通常会考虑汽车的油耗问题。一辆省油的汽车可以用较少的汽油行驶更长的距离，这不仅节省了司机的钱，也有助于节约石油资源。在美国，通常用英里每加仑（mpg）来表示汽车的耗油量，而科学家和其他大多数国家则以千米每升（kmpl）为单位来表示耗油量。

解决问题

1. 山姆的车加 1 加仑油能跑 25 英里。贾斯敏的车加 1 加仑油能跑 29 英里。请问哪辆车更省油？
2. 洛丽的车加 1 加仑油能跑 36 英里。亨利的车加 1 升油能跑 9 千米。如果亨利的车加 1 加仑汽油可以跑多少英里？哪辆车更省油？
3. 玛丽亚的车开 64 千米耗油 4 升。杰里的车开 80 英里耗油 4 加仑。请问这两辆车加 1 升汽油各自能开多少千米？哪辆车更省油？

第4课

空气和水

看一看，想一想

水从瀑布中倾泻而下。你一天会用掉多少水？

探究活动

你一天用了多少淡水?

做出预测

你每天刷牙和洗手会用掉多少水?

检验预测

1. 把容器放在水槽里。
2. 打开水龙头，模拟刷牙或洗手等日常活动。尽量保证实验过程和你平时的日常活动一模一样。完成后，关掉水龙头。
3. **测量** 用量杯把容器里的水舀到水槽里，同时记录舀的杯数。

得出结论

4. **处理数据** 根据图表，算出你在一周、一个月、一年的活动中使用了多少水。
5. **交流** 与同学讨论你的实验结果，相互交流各自的实验数据。谁的实际用水量最接近开始的预测?
6. 设计并制作图表，将其他同学的数据也整理到你的图表中。

进一步探究

想出一种节约用水的方法，并预测这个方法一次能节约多少水。用你的新想法重复刚才的实验。这个方法有效吗? 将你的想法和实验结果和同学们进行讨论。

材料

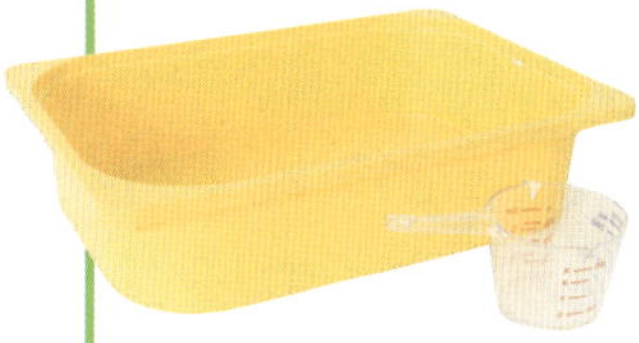

- 容器
- 水槽
- 量杯

步骤 2

步骤 4

活动：

杯数	
一周	
一个月	
一年	

读一读，学一学

基本问题
清洁的空气和水对生物来说有多重要？

词汇
水库
蓄水层
雾霾
臭氧

阅读技能
中心思想和论据

中心思想	论据

淡水的来源有哪些？

地球上的许多生物都需要淡水才能生存。大约 70% 的地球表面被水所覆盖，然而，这些水中大约 97% 是海水，还有大约 2.3% 是在北极或南极附近的冰冻淡水，另外 0.6% 是液态淡水，剩下 0.1% 的水以水蒸气的形式存在于空气中。如果地球上

所有的水相当于这一页纸的大小，那么地球上的液态淡水只有大约左侧这个正方形的大小。

为什么地球上大多数水是咸水？水以雨或雪的形式降落到地面上的时候是淡水。雨水在顺着山坡往下流时，会带走土壤和岩石中的盐分，这些流水之后会汇入河流。河水不咸，因为它含盐量还很少。

可用的淡水资源

河流把这些盐分带入海洋，海浪拍打岩石和沙滩，带来盐分，火山爆发也给海洋增加了盐分。虽然每种来源中的盐分都很少，但经过数百万年的积累，海洋中的盐分越来越多。现在，海水的含盐量约为3.5%。

正是因为地球上大多数水是咸水，所以有限的淡水资源就弥足珍贵。人类利用的大部分淡水来自流水、静水和地下水。

流水

许多城镇都建在流水，如小溪或河流附近。地球表面上有成千上万条流淌着淡水的河流，这些流水为家庭、农场和工厂等提供了宝贵的淡水资源。

静水

湖泊和水库等这类地表凹陷的地方储蓄的不流动，或者很少流动的水体叫作静水。**水库（reservoir）**通常是在河上筑坝而形成的、用来蓄水的人工湖。水被储存在大坝后面，需要时才会释放出来。

地下水

地下水通过蓄水层储存在地下。**蓄水层（aquifer）**是一种地下的岩石层或土壤层，它有孔隙，能够吸收水分。水渗入蓄水层后，会向下一直渗透到不透水的岩层，最终淡水会汇集在这个不透水的岩层之上。

对人类来说，靠近地表的浅层地下水是最有用的，我们可以通过钻孔或挖掘来开采地下水。当我们通过挖井把地下水抽上来后，地下水位会下降。要想让地下水恢复到原来的水位，则必须有更多的水渗透到地下。

快速检测

中心思想和论据 为什么说淡水是一种有限的资源？

批判性思维 为什么海洋里某个区域的海水可能比另一个区域的更咸？

读图

人类为了获取水源，建造了哪些人工设施？

线索 在图中寻找人工设施。

我们怎样利用水？

美国人每天大约消耗15亿立方米的水。这些水是怎么被用掉的呢？

在美国，最大的耗水项目在热电领域，工厂需要用水来冷却发电设备。因为这些水并不是拿来饮用的，所以发电厂所用的往往是海水。

美国淡水消耗最多的领域是灌溉。**灌溉**是指人为供水。如果作物没有获得足够的天然淡水资源，农民就得用灌溉的方式来为作物补充淡水。

大多数时候，家庭用水和工业用水都是由供水公司提供的。其中一些水还用于灭火、游泳池以及学校等公共场所。

美国的用水情况

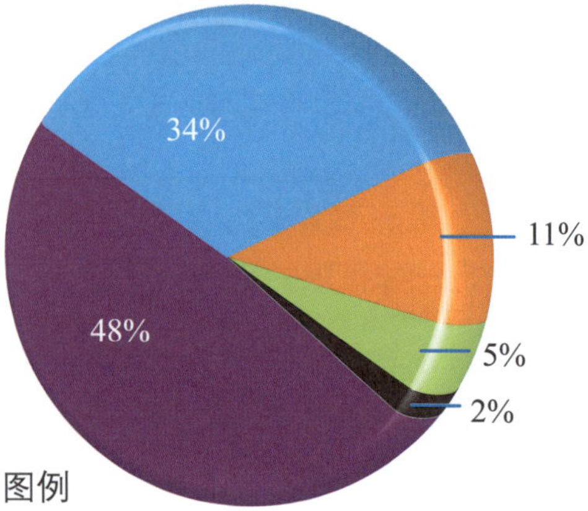

读图

美国的第二大用水领域是什么？

线索　在饼图中寻找第二大的一块。

▲ 庄稼需要淡水。

有些企业有自己的水源。对于这些企业而言，水在制造、洗涤、冷却或运输产品的过程中都是不可缺少的一部分。

有些家庭也有自己的淡水水源，最普遍的是井。他们可以从井里取水，供家庭和家畜使用。

水在空中凝结或流经地面时，会溶解一些物质，如化学物质或有害生物，这些物质会造成水污染。被污染后的水不能直接供人们使用。

有什么迹象能表明水可能被污染了？被污染的水可能散发刺鼻的气味，可能看上去比较浑浊或有奇怪的颜色，水中还可能有死鱼等。但有时，我们很难一眼就能看出水是否已经被污染了。

家庭用水

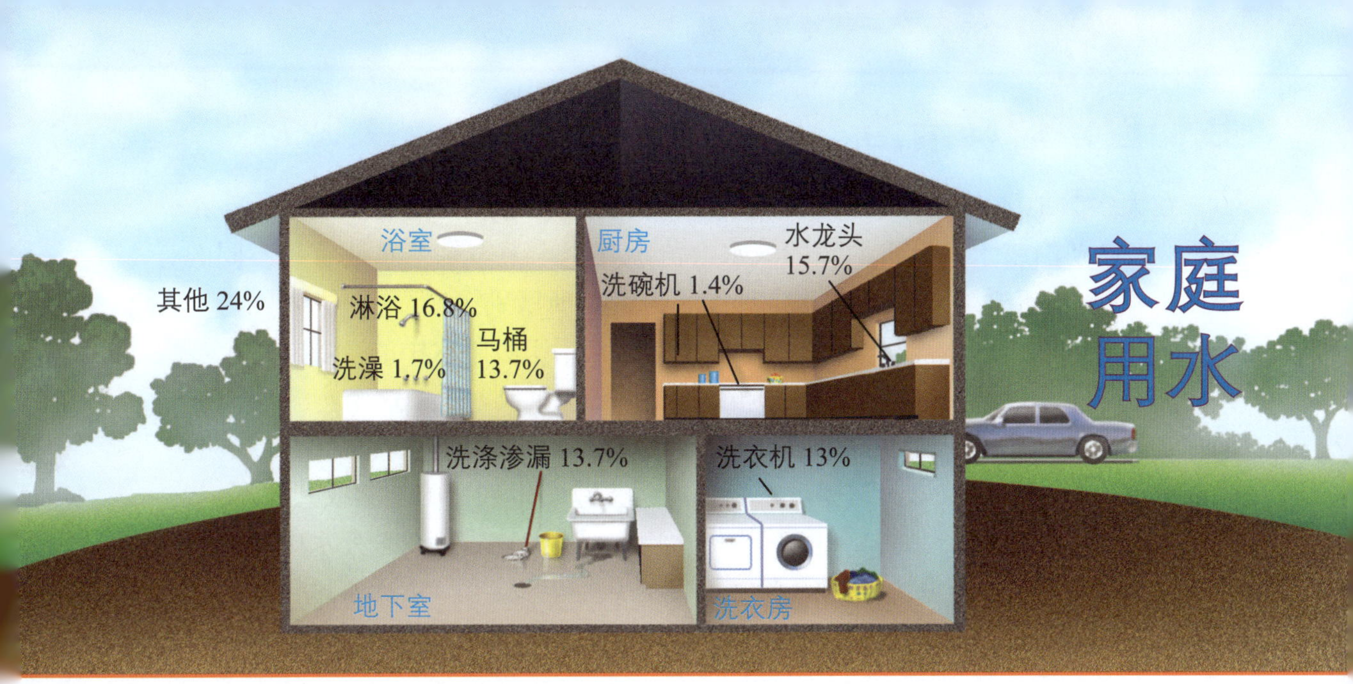

植物的生长离不开水，农民和城市里的居民都需要给植物浇水。有时，他们还会使用化学物质来帮助植物生长，杀死特定类型的植物或对植物有害的生物。一些工厂和矿山会产生废弃物。如果这些化学物质或废弃物进入水源，就会造成水源污染。

水管排出的污水正流入净化池。▼

水冲刷着道路。流动的水也会带走路面上的污染物，比如用来融化冰雪的盐、溢出的机油和丢在路上的垃圾等。

浇灌草坪和花园可能要消耗一个家庭 50%~70% 的日常生活用水。此外，洗澡、冲厕所、洗衣服、洗碗等也要耗费大量的水。在利用完水后，水会流到下水道里。然而，这些水中已经溶解了其他化学物质，在人们再次利用它之前，需要将水进行净化。

快速检测

中心思想和论据 水是怎样被利用和污染的？

批判性思维 为什么农民和城市里的居民都要尽量使用能减少水污染的物品？

我们应该怎样清洁、节约和保护水？

在大多数地区，家庭用水和工业用水都需要先在水厂得到处理或净化。在那里，来自湖泊或水库等水源地的淡水会流经几个水池。每个水池承担不同的净化步骤，这些步骤可能会根据水源地的不同而有所区别。

水源地的水进入水厂后，会先加入黏性颗粒，用于吸附水中的杂质。这个步骤叫作**絮凝**。在下一步，吸附了杂质的黏性颗粒会沉到水底，这个步骤叫作**沉淀**。然后，水通过一系列的过滤装置，这些过滤装置由沙层、砾石层和活性炭层组成。这个过程叫作**过滤**。这些过滤装置可以去除水中残留的土壤或其他颗粒。当水离开这个水池后，会加入氯和其他化学物质，这些物质可以杀死水中的有害细菌，这个步骤叫作**消毒**。干净的水会保存在一个储水罐里，然后通过管道输送到千家万户。

水厂

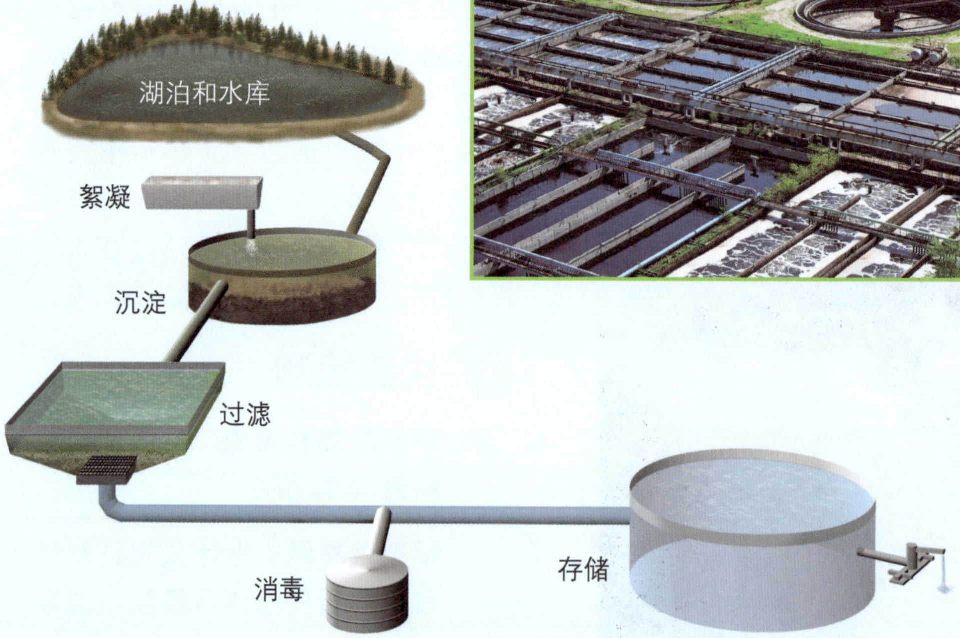

节约用水

我们可以通过节约用水来保护水资源。无论公众还是个人，都可以做到节约用水。有时，节水工作的目标是一片更大的区域，如河流的流域范围。

保护水资源

在水源有限的地区，当地政府可能会制定相关法规，比如严禁用自来水浇灌草坪、泳池蓄水和洗车等。违反这些规定的人会被罚款。这些限制令通常在天然水源，例如降雨量或降雪量无法满足居民生活所需用水量时生效。

美国政府及地方政府已经通过了一些水资源保护的法律和条例。1974年，美国国会通过了《安全饮用水法》，为保证饮用水的清洁和安全，制订了一些社区必须遵守的规则。

三年后，美国国会通过了《清洁水法》。根据这个规定，向地表水中排放污染物是违法行为，相关个人或企业将被罚款。

快速检测

中心思想和论据 你能通过哪些行为来节约用水？

批判性思维 如果水被严重污染，水厂的水净化步骤应该做哪些调整？

节约用水的方法

使用节水喷头，缩短淋浴时间。

不用水的时候关掉水龙头。

如果用洗碗机，请调成节水模式，尽量装满碗后集中清洗。

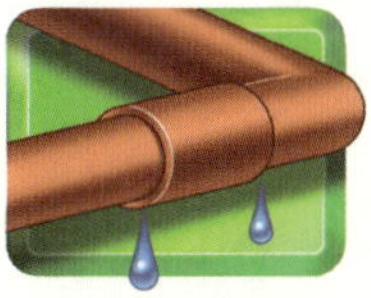

修理漏水的管道或水龙头。

使用节水洗衣机，尽量装满衣服集中清洗。

种一些需水量少的植物。天黑后再浇水可以减少水分蒸发。

▲ 一些城市上空的空气污染。

▲ 汽车和卡车排放的废气是空气污染的来源之一。

空气是怎样被污染的?

我们看不见空气。如果是干净的空气，我们也闻不到它的气味或者尝不出它的味道。如果空气不流动，我们就感觉不到它的存在，也听不到它的声音。但无论如何，空气就在我们周围。

地球大气层中含有生物赖以生存的各种气体，如氧气、二氧化碳和氮气。植物吸收二氧化碳来制造养分，动物和植物呼吸氧气获得能量。一些细菌会将氮气转化为植物生长所需的化学物质。

有些颗粒性污染物会在空气中积聚。这些污染物可能是燃烧化石燃料或垃圾时产生的。耕地、建筑工地和矿山的灰尘会将污染物带入空气，工厂排放的化学物质也会造成空气污染。

有时，城市上空会出现黄色的薄雾。这是雾霾天气的一种典型现象。**霾（haze）**是由化石燃料等燃烧时产生的大量颗粒物进入大气所造成的空气污染。霾会刺激眼睛，导致呼吸困难等。对于有哮喘等呼吸系统疾病的人来说，雾霾天气是非常危险的。

空气污染不仅会造成地面附近的环境问题。在距离地球表面 30 千米的上空，有一层叫作臭氧的气体。**臭氧（ozone）**是氧原子结合形成的气体，它能有效保护地球表面的生物免受太阳辐射的威胁。

近年来，越来越多的喷雾罐和空调中的化学物质进入大气。这些化学物质升到大气层的高处时，会与臭氧发生化学反应。当臭氧层被破坏时，到达地球表面的有害太阳辐射会更多。已有证据表明，这些辐射会增加人类患皮肤癌的概率。

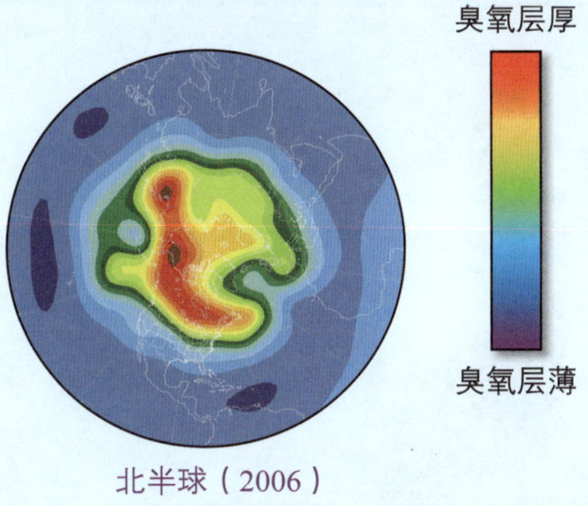

▲ 科学家利用特殊的设备测出了臭氧层的厚度。

臭氧空洞是指臭氧层中气体变薄的一片区域。如今，喷雾罐和空调中已经不允许使用或添加这些破坏臭氧的化学物质了。

在工业区，从工厂排放到空气中的烟雾和废气会与雨水结合形成酸雨。酸雨有许多危害，比如导致树木死亡，损坏建筑物和雕像等。

空气也会受到自然事件的污染。火山爆发喷出的气体、尘埃和火山灰会在大气中停留数天、数周，甚至数月。

迷你实验

污浊的空气

1. 用塑料刀在卡片上涂一层薄薄的凡士林。
2. 拿着卡片的边缘，小心地把卡片放在教室的角落里。
3. **观察** 一天之后，卡片有什么变化？一个星期之后呢？
4. **推理** 凡士林对检测空气污染状况有何帮助？
5. **做出假设** 你认为公路附近和远离公路这两个地方，哪个地方的空气污染更严重？为什么？

快速检测

中心思想和论据 空气污染是怎么产生的？

批判性思维 讨论破坏森林对空气质量有什么影响。

火山爆发时喷出的火山灰是空气污染源之一。

▲ 植物可以吸收二氧化碳，减少空气污染。

怎样保护空气?

我们可以为保护空气做点什么呢？预防空气污染的最好方法是减少污染物排放。

美国在 1963 年通过了《清洁空气法》。正是这部法律，许多污染物被禁止排放，还有一些污染物则要求过滤后排放。

工厂必须在烟囱上安装空气净化设备，在烟雾排放之前先过滤掉污染物。汽车、公共汽车和卡车的尾气排气装置中也有类似的净化设备，可以减少和过滤排气管排出的有害烟尘和废气。我们还可以通过使用替代能源，比如大力推广太阳能和水能发电，来减少化石燃料的燃烧，从而减少空气污染。

快速检测

中心思想和论据 请列出空气污染的三个原因。

批判性思维 请列出控制空气污染的收益和成本。

课后回顾

摘要

地球上大多数生物的生存都离不开清洁的淡水。

空气中含有生物生存所需的气体，如氧气、二氧化碳和氮气。

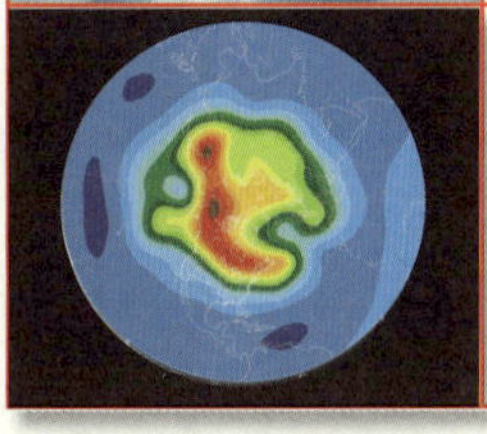

水和空气会被污染，我们应尽力保护这些资源。

制作 折叠式学习卡

如图所示，制作一个折叠式学习卡，并根据图中标题总结你本课所学的相关知识。

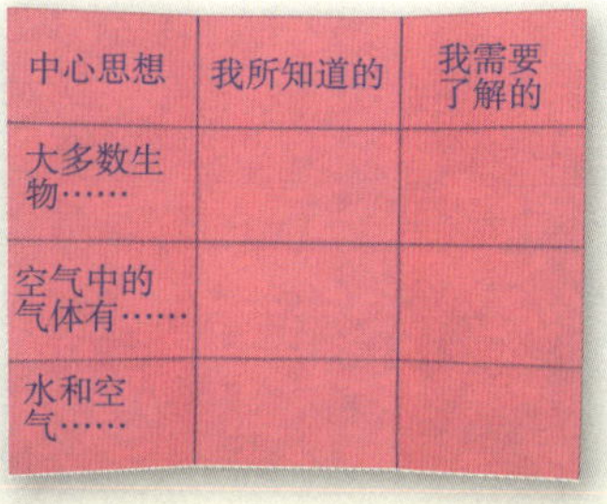

想一想，说一说，写一写

1 **词汇** 地球大气中的__________能阻挡一些有害的太阳辐射。

2 **中心思想和论据** 请列出三种保护淡水资源的方法。

中心思想	论据

3 **批判性思维** 有些鲸鱼以磷虾为食，磷虾是一种小型海洋动物。磷虾以藻类为食，藻类能产生氧气。请解释捕杀鲸鱼可能会对地球大气造成什么影响。

4 **测试** 下列有关蓄水层的叙述正确的是哪项？

A 储存地表水　　B 储存地下水

C 一种降水形式　　D 类似于海洋

5 **测试** 人类的哪些行为会对环境造成破坏？

A 砍伐树木后植树　　B 回收铝罐

C 走路替代开车　　D 燃烧化石燃料

6 **基本问题** 清洁的空气和水对生物来说有多重要？

写作链接

树的生命尽头

写一个科幻故事。假设地球上所有的树木都被某个事件所摧毁。请描述树木灭绝对环境和地球上其他所有生物有什么影响。

健康链接

水源性疾病

查找资料，研究一种由水污染引起的疾病。将你的研究成果撰写成一份报告，并详细描述这种污染的具体类型，疾病对人或动物的影响，以及预防该污染的方法。

除盐行动

海水淡化厂能过滤海水中的盐分。

美国的加利福尼亚州旁边明明就有一个偌大的太平洋，为什么还会缺水呢？这是因为我们不能直接饮用含有大量盐分的海水。

圣卡塔利娜岛位于南加州海岸带上，它的四周被太平洋所包围。然而，岛上的居民一直用海水来浇灌庄稼、洗澡，甚至饮用。他们怎么能饮用和使用咸的海水呢？因为圣卡塔利娜岛海水淡化厂可以将海水淡化。淡化的意思就是“过滤掉盐分”。

海水淡化厂从海洋中抽取海水。海水进入工厂后，会经过一系列过滤装置。盐和其他杂质就会在这些过程中被除去。海水淡化之后就可以供人们使用了。

圣卡塔利娜岛海水淡化厂是美国为数不多的生产公共用水的海水淡化工厂之一。海水淡化过程会耗费大量能源，费用昂贵。尽管成本不菲，包括沙特阿拉伯和日本等在内的世界各地都建有海水淡化厂。当一个地区淡水资源稀少时，人们不得不付出高昂的代价来获取淡水。科学家正继续研究海水淡化更廉价和更有效的方法。

问题和解决方案

- 通过寻找冲突或需要解决的难题来确定问题。
- 想一想怎样解决冲突或难题。

写作

问题和解决方案

1. 海水的什么问题导致人们不能直接利用它？
2. 圣卡塔利娜岛的居民通过什么途径获得淡水？

AMERICAN MUSEUM OF NATURAL HISTORY

第2章 复习和测试

摘要

第 1 课 不同的岩石和矿物形成过程不同，所具有的性质也不尽相同。

第 2 课 土壤是由非生物物质和生物体残骸等混合而成的自然资源。

第 3 课 化石燃料是不可再生资源，人们也使用可再生资源，如太阳能。

第 4 课 空气和水是维持地球生命的重要资源。

制作 折叠式学习卡

如图所示，将你本单元所做的折叠式学习卡整理到一起，并用它来总结你本章所学的相关知识。

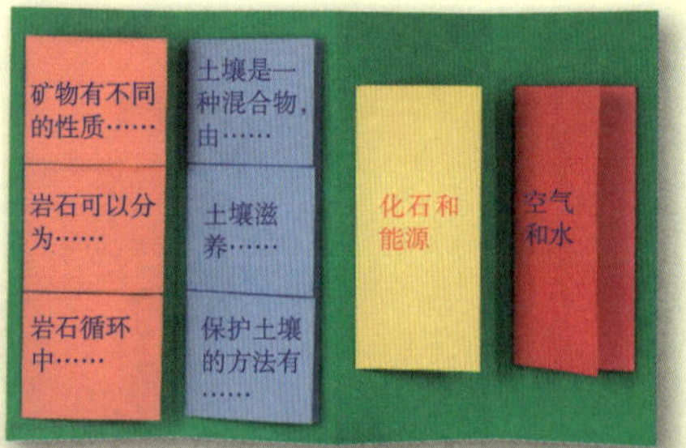

词 汇

DOK 1

选择合适的词汇填空。

蓄水层	可再生资源
保护	代
岩石循环	火成岩
雾霾	光泽
表土层	矿物

1. 水能可以在较短的时间内自然地生成，所以它是一种________。
2. 以数百万年为尺度的时间单位，称为________。
3. 大多数植物的根都长在________。
4. 爱护自然资源的行为被称为自然________。
5. 能储藏水分的地下岩层或土壤层是________。
6. 由地下的非生物体构成的固态自然物质是________。
7. 当化石燃料燃烧时，产生的大量颗粒性物质会导致________。
8. 熔岩或岩浆冷却时，________就形成了。
9. 岩石从一种类型变成另一种类型的所有过程叫作________。
10. 矿物对可见光的反射能力，称为矿物的________。

科学技能和科学概念

DOK 2～3

请回答下列问题。

11. 下列哪种方法能增加土壤的养分？
    A 防风林　　B 带状种植
    C 等高耕作　　D 轮作

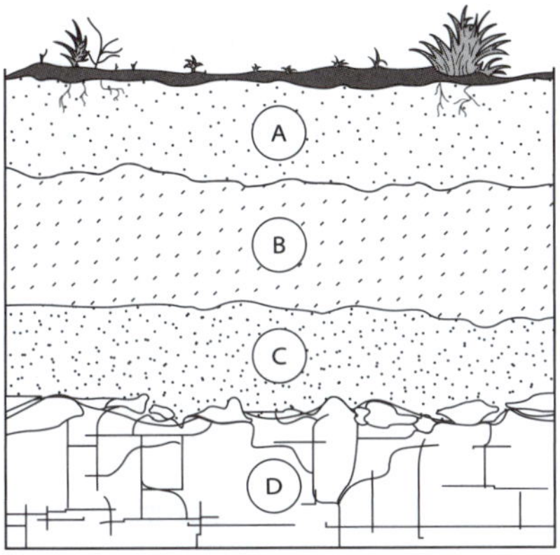

12. 上图表示某地区的土层。A层可以找到的主要是什么物质？
    A 基岩　　B 腐殖质
    C 底土　　D 风化的岩石
13. 科学家利用某种元素的半衰期来确定什么？
    A 化石的绝对年龄
    B 地质年代的长度
    C 化石燃料的位置
    D 岩石的相对年龄
14. **判断正误**　*人们无法防止污染。*这个陈述对还是错？请解释原因。
15. **事实与观点**　*有些矿物含有晶体。*这种说法是事实还是观点？请解释原因。
16. **总结**　写一篇关于土层的描述性文章。
17. **分类**　判断下列能源是可再生资源还是不可再生资源：风能、石油、太阳能、煤、天然气、潮汐能和波浪能。
18. **批判性思维**　为什么大多数家庭用水和工业用水都来自水厂？
19. **说明文写作**　解释为什么你能判断出这是一块喷出岩而不是侵入岩。

大概念

20. 什么是地球资源？

表现性评价

DOK 4

未来的选择

活动步骤

1. 选择一种替代能源，总结它的优点和缺点。
2. 研究现在我们是怎样利用这种能源的。
3. 就未来会怎样利用这种能源进行一场头脑风暴。

分析结果

▶根据你收集到的信息，制作一本小册子，向大家宣传替代能源。

测 试

1 根据表格回答问题。

硬度	矿物
1	滑石
2	石膏
3	方解石
4	萤石
5	磷灰石
6	长石
7	石英
8	黄晶
9	刚玉
10	金刚石

已知一枚铜币的硬度为3。这枚铜币最有可能划伤哪些矿物？
DOK 2

A 黄晶和滑石　B 磷灰石和金刚石
C 石膏和滑石　D 长石和石英

2 下表中哪块岩石的数据是不正确的？
DOK 2

条痕试验结果

	指甲	铁钉
岩石 A	有划痕	没有划痕
岩石 B	没有划痕	有划痕

A 岩石 B，因为表中显示铁钉划岩石 A 没有划痕。
B 岩石 A，因为铁钉没有留下划痕。
C 岩石 A，因为如果指甲能在岩石上留下划痕，那么铁钉肯定也可以。
D 岩石 A，因为指甲在岩石 A 和岩石 B 都留下划痕了。

3 什么原因能导致火成岩变成变质岩？
DOK 1

A 风化和侵蚀
B 高温和压力
C 压实和胶结
D 冷却和熔化

4 关于下图，下列哪个结论是正确的？
DOK 1

A 它能利用不可再生能源发电。
B 它利用风能发电。
C 它会造成大量的污染。
D 它能将太阳能转化为电能。

5 为储水而建的人工湖叫什么？
DOK 1

A 水库　B 蓄水层
C 地下水　D 水处理厂

6 为什么臭氧空洞很危险？
DOK 1

A 它会造成污染。
B 它能阻止细菌将氮转化为有用的化学物质。
C 它会产生雾霾。
D 它会导致更多的太阳有害辐射到达地球表面。

7 据图回答下列问题。

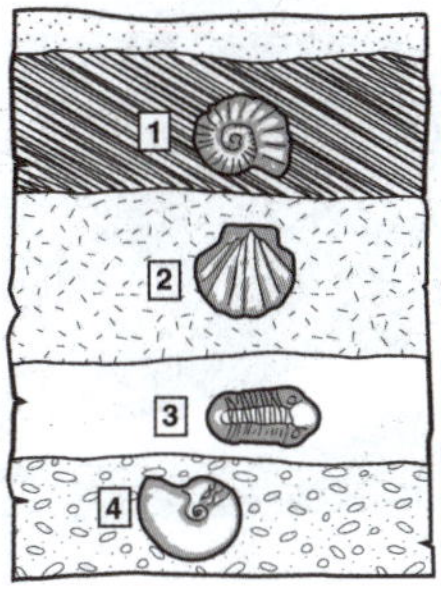

关于这张图中化石的年代，你能得出什么结论？
DOK 2

A 化石 1 是最古老的化石。
B 化石 2 比化石 3 和化石 4 都更古老。
C 化石 4 是最古老的化石。
D 化石 4 是最年轻的化石。

8 据图回答下列问题。

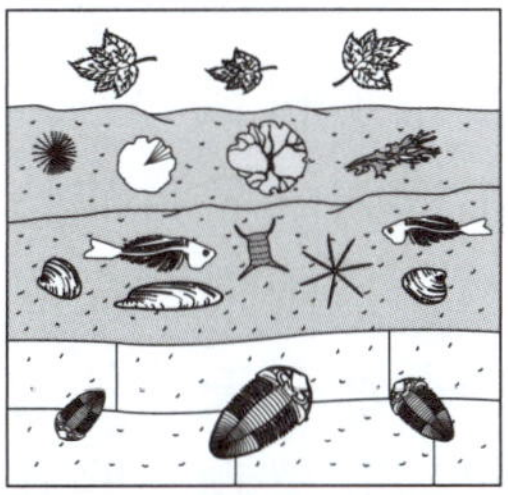

下列哪种说法描述了图示反映的历程？
DOK 2

A 这个地区曾经是一片海洋，后来变成了沙漠。
B 这个地区曾经是一片森林，后来变成了沙漠。
C 这个地区曾经是一片海洋，后来变成了森林。
D 这个地区曾经是一片沙漠，后来变成了海洋。

9 据图回答下列问题。

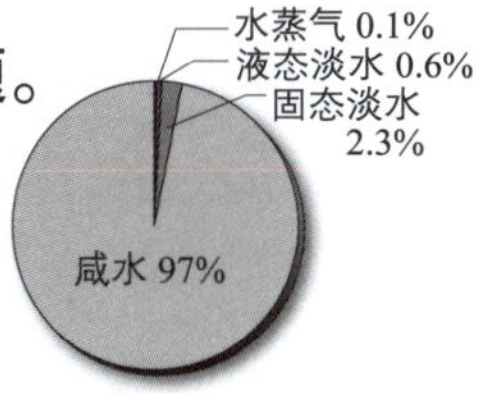

地球上有多少淡水是液态的？
DOK 1

A 97%　　B 2.3%
C 0.6%　　D 0.1%

10 在哪种类型的岩石中可以找到化石？请解释为什么你认为在这种岩石中可以发现化石。
DOK 2

11 下图中使用的是化石燃料还是替代能源？使用这些能源的优点和缺点分别是什么？
DOK 3

检　查

题号	回顾	题号	回顾
1	89	7	114
2	89	8	112
3	92 ～ 93	9	128
4	118	10	112
5	129	11	118 ～ 119
6	134		

绘图员

你喜欢制作地图和图表吗？你有良好的数学和计算机方面的技能吗？如果以上条件你都符合，那么你可以考虑成为一名绘图员，或者说地图绘制员。无论是家庭出行的普通游客，还是在公路上开车的卡车司机，他们都需要地图或全球定位系统（GPS）。其他需要地图或 GPS 的人还包括飞机驾驶员、船长、徒步旅行者等。只要在路上，你就离不开地图等这些能帮助你指明方向的工具。想要成为一名绘图员，高中毕业后你要选择地理学和制图学专业。在大学里，你要为了这个令人着迷的职业，继续努力学习。

▲制图员在研究数据。

石油钻井工人

你喜欢户外工作吗？你也想操作重型机械吗？如果都喜欢，那你想成为一名石油钻井工人吗？石油钻井是用来钻探深埋在海底或陆地的石油和天然气的设备。石油钻井包括井架和一些其他动力设备。要想毕业后从事这项工作，你需要从一名石油或天然气开采行业的工人或学徒做起。工作中，经过专业培训和提升，慢慢积累经验，你会成为一名出色的专业石油钻井工。这也是一个需要高度责任感的职业。

▲钻井工人在工作。

《科学启蒙（第二版）》版权声明

科学启蒙（第二版）地球和资源 ⑤

McGraw-Hill Education
Science A Closer Look
Earth and Its Resources
978-0-02-135623-2

浙江省版权局著作权合同登记号：11-2018-537

图书在版编目（C I P）数据

科学启蒙 ： 第二版. 地球和资源. ⑤ / （美）杰伊·哈克特等著 ； 张俊等译. -- 杭州 ： 浙江教育出版社, 2020.4（2020.7重印）
ISBN 978-7-5722-0054-0

Ⅰ. ①科… Ⅱ. ①杰… ②张… Ⅲ. ①科学知识－少年读物②自然资源－少年读物 Ⅳ. ①Z228.1②P96-49

中国版本图书馆CIP数据核字(2020)第045626号

科学启蒙（第二版）
KEXUE QIMENG (DI ER BAN)
地球和资源 ⑤
DIQIU HE ZIYUAN 5

出版发行 浙江教育出版社（杭州市天目山路40号 电话：0571-85170300-80928）
原 著 名 SCIENCE A CLOSER LOOK
EARTH AND ITS RESOURCES
翻　　译 张　俊　邓小耶　柯星如
审　　定 郝京华
图片来源 海洛创意
责任编辑 杨　艳
封面设计 韩　波
责任校对 徐荆舒
责任印务 沈久凌

图文制作 杭州兴邦电子印务有限公司
印　　刷 杭州富春印务有限公司
开　　本 787mm×960mm 1/16
印　　张 9.75
字　　数 243 000
版　　次 2020年4月第1版
印　　次 2020年7月第2次印刷
标准书号 ISBN 978-7-5722-0054-0
审 图 号 GS (2020) 589号
定　　价 35.00元